Début d'une série de documents en couleur

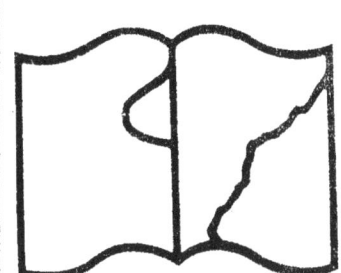

Texte détérioré — reliure défectueuse
NF Z 43-120-11

AVENTURES ET VOYAGES

LOUIS NOIR

LE
COUPEUR
DE TÊTES

TOME II

25 CENTIMES

LIBRAIRIE DES PUBLICATIONS
à 5 centimes
24, RUE DE LA MONTAGNE-SAINTE-GENEVIÈVE, 24
PARIS

Centimes *le volume rendu franco dans toute la France et les pays compris dans l'Union postale.*

PETITE BIBLIOTHÈQUE UNIVERSELLE
Romans nouveaux et inédits. — Ouvrages des maîtres de la littérature moderne
Aventures et Voyages. — Chefs-d'œuvre, poésies, etc.

ROMANS & NOUVELLES

Léon CLADEL
1, 2. Les Va-nu-pieds............ 2 v.
3, 4. N'a-qu'un œil............... 2 v.
En préparation :
Pierre Patient.
Kerkadec, garde-barrière.

Pierre CŒUR
5. La Jolie brunisseuse........... 1 v.

Louis FÉRALD
6. L'Agent Chacal................ 1 v.

Hector FRANCE
7, 8. L'Amour au pays bleu....... 2 v.
9, 10. Les Va-nu-pieds de Londres.. 2 v.
En préparation
L'Homme qui tue.

Maximilien LENNAT
11, 12. Les Compagnons de la Roquette (La Bambina)............. 2 v
En préparation :
Démona la Dompteuse.
Martyr d'Amour.

Marc MARIO
13 Les Maîtres Chanteurs (l'agent d'affaires de la rue Saint-Denis).. 1 v
En préparation :
Le Cocher du fiacre jaune.

Catulle MENDÈS
En préparation :
La Demoiselle en or.
La Mort d'un clown

Louis NOIR
14, 15. La Fiancée de Marceau..... 2 v
16. Souvenirs d'un zouave (contes algériens)........................ 1 v

Félix PYAT
En préparation :
Les Filles de Séjan.

Tony RÉVILLON
En préparation :
Contes du Dimanche.

Jean RIGAUT
17 Les Drames du Harem (le Voleur d'amour)......................... 1 v
En préparation :
La Vengeance de l'Eunuque.

Jules ROUQUETTE
En préparation :
La Route fatale.

Frédéric SOULIÉ
18. Le Lion amoureux............. 1 v

AVENTURES & VOYAGES

Louis NOIR
1, 2, 3. Le Coupeur de têtes...... 3 v
En préparation :
L'Homme aux yeux d'acier.
Le Roi de l'Atlas.

GRANDES CAUSES CÉLÈBRES

Louis REGINAL
En préparation :
Fualdès ou le crime de Rodez
Le Courrier de Lyon.

CHEFS-D'ŒUVRE FRANÇAIS ET ÉTRANGERS

BEAUMARCHAIS
1 Le Barbier de Séville.......... 1 v
2. Le Mariage de Figaro.......... 1 v

Daniel DE FOË
3, 4, 5. Robinson Crusoé.......... 3 v

GŒTHE
6. Werther....................... 1 v

LONGUS
7 Daphnis et Chloé............... 1 v.

MOLIÈRE
8 Tartuffe...................... 1 v

RABELAIS
9, 10 Gargantua (traduction nouvelle en français moderne)........... 2 v.

SCHILLER
11 Les Brigands.................. 1 v.

SWIFT
12, 13 Voyages de Gulliver........ 2 v

VOLTAIRE
14 L'Ingénu...................... 1 v.
15 Candide....................... 1 v.

SHAKESPEARE
16 Othello....................... 1 v

B. DE SAINT-PIERRE
17. Paul et Virginie.............. 1 v.

POÉSIES

Clovis HUGUES
1. Poésies choisies.............. 1 v.

LA FONTAINE
En préparation :
Fables. — Contes.

Hégésippe MOREAU
En préparation :
Le Myosotis.

OUVRAGES UTILES & AMUSANTS
1. La Parfaite clé des songes.... 1 v.
2. Le Parfait Oracle des Dames... 1 v.
3. La Cuisinière des familles.... 1 v.

SCIENCES OCCULTES

Louis MOND
1. Cours de Graphologie.......... 1 v.
2. Cours de Magnétisme........... 1 v.

Chez tous les libraires : 25 centimes le volume

On reçoit séparément chaque volume franco en adressant 30 centimes en timbres à M Edinger, 34, rue de la Montagne Sainte-Geneviève, Paris

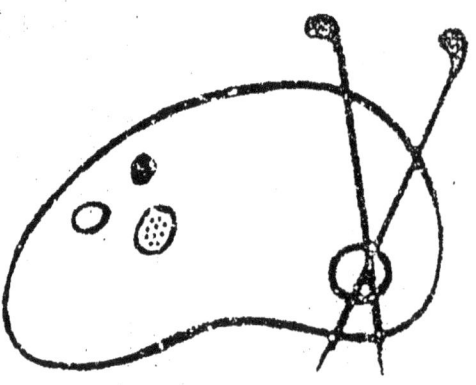

Fin d'une série de documents
en couleur

PETITE BIBLIOTHÈQUE UNIVERSELLE

LE
COUPEUR DE TÊTES

PAR

Louis NOIR

TOME SECOND

PARIS
LIBRAIRIE DES PUBLICATIONS A 5 CENTIMES
42, RUE JACOB, 42

LE COUPEUR DE TÊTES

Première partie.

(SUITE)

XI

D'une petite femme comme on en a peu vu et comme on n'en verra plus guère, d'un marquis du temps passé et d'un domestique extraordinaire.

Les duchesses disparaissent.
Les grandes traditions se perdent.
Comme démocrate, nous en sommes ravi.
Pourtant nous avons un regret.
Avec l'aristocratie, avec les grandes fortunes nobiliaires, l'art ou du moins tout un côté de l'art s'éclipse; certaines branches de la sculpture et de la peinture, non des

moins précieuses, doivent être fécondées par le luxe princier des riches maisons, jalouses de se distinguer des maisons riches par un faste de bon goût.

Autrefois, le noble pouvait être ignorant : mal orthographier ses lettres étaient un de ses privilèges ; mais il était tenu de faire des vers spirituels qu'un *poëtriau* à gages remettait sur leurs pieds quand ils boitaient ; le noble devait aimer et comprendre le beau ; il mentait aux traditions, s'il n'était artiste et homme d'esprit.

Aujourd'hui, titres, noms, terres, tout cela s'efface ; mais à la place de la gentilhommerie s'élève une gentlemanerie, qui ne la vaut pas et dont l'avènement est déplorable.

Le grand seigneur se meurt.

Le millionnaire est né.

Triste figure !

Le millionnaire a gagné ses tonnes d'or dans le commerce, ce qui est fort honorable, quand il n'a pas volé, — ce qui est assez rare ; — malheureusement son esprit ne s'est pas élevé en même temps que montaient les piles d'écus dans ses caisses ; il est resté rustre, sot, amoureux du positif, de ce qui se pèse et se compte.

Il en résulte qu'il n'hésitera pas à dorer sa maison, à dorer ses laquais, à couvrir sa femme de brillants et lui-même de breloques; mais quant à acheter trente mille francs une toile de quatre pieds carrés, c'est ce qu'il ne fera jamais.

Triste, triste figure !

Avec le grand seigneur, la grande dame s'est aussi envolée; il n'en pouvait être autrement.

Que nous est-il resté à la place ?

Une femme maniérée, minaudière, prétentieuse.

Plus triste figure encore que le mari !

Car enfin le mari... on peut s'en passer... du mari; il n'est pas toujours sur vos talons le mari; il va au cercle, à ses affaires, à ses plaisirs de goujat, le mari !

Mais sa femme... on ne saurait se priver de sa conversation, des relations charmantes que l'on entretient avec elle depuis qu'Eve fut tirée de la côte d'Adam.

Et l'on regrette amèrement de ne plus retrouver le type perdu que nos pères adoraient.

Car si jadis tout le monde ne pouvait se payer des duchesses en titre, chacun pouvait s'en consoler avec des duchesses au petit pied ; tant les femmes d'une époque se ressemblent, à quelque degré de l'échelle sociale qu'elles soient placées.

Voyez plutôt :

Sous la Restauration : princesses, marquises, soubrettes, gentilles marchandes, bouquetières, grisettes, courtisanes, toutes avaient les mêmes traits généraux de caractères : le désintéressement, l'amabilité, la franchise, le bon ton, les goûts élevés.

Aujourd'hui financières, boutiquières, ouvrières, femmes de chambre, cocottes, toutes aussi ont la même physionomie.

Plus d'amour, l'intérêt personnel.

Pour les unes, la gloriole ou la dépravation ; pour d'autres, l'amant subventionnant le budget du ménage ; pour la plupart un contrat de vente en règle, et encore et toujours la tromperie sur la qualité de la marchandise.

Voilà notre monde.

Et ces femmes égoïstes, sèches, vénales, ont des prétentions à la dignité qui font crever de rire.

Mais assez de philosophie comme ça ; nous en avons fait juste ce qu'il en fallait pour que la figure que nous voulons décrire ait son repoussoir et se détache vigoureusement.

C'était une vraie duchesse, fille d'une lignée de ducs que la marquise de Nunez.

Femme à vingt ans d'un mari vieux, aimable et incapable de perpétuer son nom par lui-même, elle était dans toute la splendeur d'une jeunesse qui s'épanouit au grand soleil du luxe et de l'indépendance.

Rien n'avait défloré sa beauté radieuse; elle avait été l'une de ces mariées qui ne le sont pas.

Elle savait tout... par ouï dire.

Elle ignorait tout en réalité.

Mais elle se souciait peu d'en apprendre davantage.

Le vieux duc eût été ravi de pouvoir faire l'éducation de sa jeune femme; il avait tenté de donner une première leçon; mais les philosophes l'ont dit:

« La science est un cerneau dont l'écorce est aussi dure qu'amère. »

Rien de plus vrai.

La duchesse avait trouvé à la première bouchée que la dose d'amertume était trop forte et, poussant les hauts cris, elle avait tenu au marquis à peu près ce langage:

— Soit que votre couteau ne coupe pas,

soit que le cerneau de la science soit trop dur pour lui, le fait est que vous me fatiguez, sans avancer à rien. Finissons-en, de grâce !

Et le gentilhomme avait rengainé son couteau, en disant gracieusement.

— Mignonne, vous avez raison. La lame est émoussée; mais la noix est diantrement dure. Cependant il faut aviser; voici ce que je vous propose ; voyez ceci :

Et le marquis, allant à sa bibliothèque, lut à sa femme un passage de nos vieilles chroniques, où il est dit que les seigneurs du temps passé avaient des chapelains armés d'un excellent couteau pour ouvrir les cerneaux rétifs et que ces gens d'église fort aptes excellaient à commencer l'éducation des dames.

— Aujourd'hui, continua le marquis, les abbés, les militaires et, en général, tous les fils de famille, peuvent remplacer les chapelains avec avantage ; vous avez la liberté du choix.

Puis galamment :

— Et croyez bien, mignonne, ajouta-t-il, que vous ne laisserez jamais tomber un mouchoir aux pieds de quelqu'un, sans que ce quelqu'un, fût-il roi, ne le ramasse.

Sur ce, une courbette régence et liberté complète, sous réserves des convenances.

Et le vieux marquis s'en était allé aussi gaillardement que si le cerneau n'avait pas été trop dur.

De loin en loin, il s'informait de la marquise, si elle avait distingué un professeur.

Celle-ci répondait non.

— Ventrebleu, s'écriait le marquis, mignonne, dépêchez ; je voudrais pourtant voir mon nom se perpétuer.

Mais elle ne se pressait point.

C'est que...

Non, attendons pour dire cela.

Les mois se passèrent.

Le marquis questionnant.

La marquise éludant avec une moue charmante ces demandes inquiètes et indiscrètes.

Si bien, qu'à la fin, le marquis s'alarma.

En cachette, il consulta un vieux docteur de ses amis qui lui conseilla les voyages.

— On a conquis l'Algérie, lui dit-il, allez-y, mon cher marquis, allez-y ; c'est un pays chaud ; une Espagne avec plusieurs degrés en plus ; or, j'ai ouï dire qu'en Estramadure, les dames étaient comme le soleil du pays, très ardentes. J'en conclus qu'en Algérie, le climat réveillera la duchesse de son engourdissement.

— Vous pensez, docteur ?

— Je le parierais. De plus le voyage éveille chez les femmes des sensations nouvelles physiques et morales. On est secoué en chemin de fer et en poste ; on est distrait, intrigué par le changement de sites et les aventures qui surviennent en route.

— Je le crois ! fit le marquis.

— Les aventures surtout ! Voilà le grand moyen.

Le marquis sourit.

— On en aura, dit-il, merci docteur.

Et le marquis, trouvant le conseil judicieux, résolut de le mettre en pratique sur-le-champ.

L'Algérie était pour lui pays inconnu ; mais il avait dans une de ses forêts sise non loin du château de Lavery, un garde forestier qui avait servi longtemps en Afrique.

Il lui écrivit pour lui enjoindre de venir le trouver à Paris, touchant deux mots dans sa lettre d'un prochain départ pour Oran où le garde devait l'accompagner.

Le marquis attendait la réponse.

Il déjeunait avec sa jeune femme, causant de leur prochain voyage, quand un valet de chambre apporta, sur le plateau d'argent traditionnel, une lettre que M. de Nunez ouvrit, lut le sourcil froncé et froissa ensuite.

— Le maraud ! fit-il.

— Qu'avez-vous donc ? demanda la marquise.

— Ce drôle qui s'avise d'avoir une volonté de refuser d'obéir, de prétexter que sa femme est en couches ! Voilà pourtant un maroufle que mon père aurait fait bâtonner et que je suis forcé de respecter aujourd'hui.

— Mais de qui parlez-vous ?

— De ce Jean !

— Votre garde ?

— Oui, ma toute belle.

— Il ne veut pas venir ?

— Ma foi non.

— C'est un contre-temps fâcheux.

— D'autant plus que c'est un fidèle garçon, intelligent, résolu, et qui nous aurait servi de guide.

— On en trouvera un autre.

— Qui ne le vaudra pas.

— Nous n'en savons rien, mon ami.

— Ah ! mignonne, vous oubliez que les bons serviteurs se font rares et que peu à peu, par ce temps de démocratie qui court, nous en viendrons à nous servir nous-mêmes.

— Il restera toujours des nègres !

— Bravo ! fit le marquis, bravo, madame. Vous avez mille fois raisons ; il y a des nègres et je veux m'en attacher là-bas cinq ou six que je ramènerai ici.

— Vous me donnerez deux négresses ; les femmes de chambre deviennent impossibles.

— C'est convenu. Mais il nous faut voir l'homme que Jean nous envoie à sa place.

— Il vous parle donc d'un remplaçant ?

— Le porteur de la lettre.

— Quelque rustre.

— Pas trop lourdeau peut être.

Le marquis ramassa la lettre, la défroissa de son mieux et la tendit à sa femme.

— Hum ! dit celle ci en lisant : « un jeune homme de vingt-cinq ans, sortant du service, arrivant de Constantine, connaissant les trois provinces de la colonie, désirant trouver une place de forestier ; mais enchanté de retourner en Algérie au service de monsieur le marquis ; j'en réponds sur l'honneur. »

La marquise s'interrompant :

— Sur l'honneur, fit-elle.

— Ah ! chère ; ça jure là-dessus comme les gentilshommes et je dois dire que Jean tiendrait.

— Encore si ce n'est pas un pataud, ce remplaçant !

— Nous allons voir.

Le marquis sonna :

— Faites entrer, dit-il.

Le domestique introduisit le messager.

Celui ci se présenta avec aisance.

La marquise avec une impertinence toute princière, prit son lorgnon et toisa l'homme.

Elle parut surprise.

C'était un grand, jeune et beau garçon ; un type hardi de soldat ; il avait l'œil assuré, le geste élégant, la mine fière ; des cheveux noirs, un peu crus de ton, coupés en brosse, encadraient bien sa martiale figure.

Bref, la marquise fut si frappée qu'elle vit bien que ce gaillard n'était pas du même bois que ses domestiques.

Elle laissa tomber son lorgnon.

Le marquis avait fait la même inspection et l'homme lui avait plu ; mais il avait un je ne sais quoi en lui qui irrita le vieux gentilhomme.

— Vous n'êtes pas fait pour servir ! lui

dit-il brusquement. Vous ne resterez jamais en place.

Puis après une pause :

— Tu es soldat, tu dois être susceptible, à en juger à ta mine ; tu feras mieux de rentrer au régiment que de chercher à te mettre en maison.

Et après un nouveau coup d'œil :

— Tu es mis comme un bourgeois, l'ami ! Tu ne porteras jamais la livrée avec soumission.

C'était l'avis de la marquise ; elle sourit avec approbation ; l'homme plaisait trop, pour ne pas déplaire beaucoup ; en vérité il n'avait rien de servile.

Ceci était froissant pour un maître.

Le marquis reprit :

— Allons, mon ami, suivez mon conseil, remplacez ou engagez-vous et bonne chance !

Mais l'homme resta.

— Monsieur le marquis voudrait-il permettre ! demanda-t-il en s'inclinant avec un respect parfaitement mesuré.

— Parle !

— Monsieur le marquis m'a bien jugé, dit l'homme ; je ne voudrais pas être valet de chambre.

— Eh bien alors ?
— Monsieur le marquis avait besoin d'un guide, du moins c'est ce que Jean m'avait dit.
— Sans doute, d'un guide.
— Ce poste m'irait, on n'est pas valet.

Et sur un geste du marquis :

— En Afrique, pour voyager convenablement, il faut des mulets, une espèce de petit convoi ; pour surveiller les muletiers, indigènes, choisir et régler les marches, organiser les repas et les assurer, il faut un homme expert.
— Toi, par exemple.
— J'ose affirmer que personne ne pourrait mieux se charger de ces soins que votre très humble serviteur, monsieur le marquis ; je parle arabe, je connais le pays, j'ai la main solide et le coup d'œil prompt.
— Et aussi la langue déliée.
— Quand je défends ma cause.
— Allons, tu m'irais, n'était la crainte que tu ne regimbes à un ordre ou à une observation.
— Soldat, j'ai appris à obéir à la baguette ; sergent, j'ai commandé sec et bref, monsieur le marquis.
— Ah ! vraiment !

— Je sais à quoi je m'engage. Monsieur le marquis est de top grande maison pour ne pas parler à son monde le langage qui convient à chacun. Je déclare d'avance que je me tiendrai toujours pour satisfait de ses façons d'être avec moi.

Le marquis réfléchit.

Il hésitait.

Enfin s'adressant à sa jeune femme :

— Qu'en pensez-vous, chère amie? demanda-t-il.

— Faites à votre guise, dit elle avec indifférence.

— Soit ! tu seras mon guide, mon majordome, mon intendant, ce que tu voudras pour sauver ta dignité.

Le marquis souligna le dernier mot un peu ironiquement.

— Je serai votre plus dévoué serviteur! dit l'homme gravement et simplement.

— Très bien! fit le marquis.

Il chercha dans son gousset.

— Voilà trois louis de denier à Dieu, dit-il ; tu as été soldat et tu aimes la bouteille, va boire à ma santé; je t'attends demain.

L'homme prit les trois louis sans que son œil brillât de convoitise, mais aussi sans dédain.

Le marquis l'observait :
— Il n'est pas avide, pensa-t-il.
Et tout haut :
— Va ! A demain matin, neuf heures.
Le jeune homme s'inclina pour partir.
Le marquis parut étonné.
— Tu ne parles pas de tes gages ! lui dit-il.
— Oh ! fit-il, ceci importe peu. J'ai tenu à entrer dans la maison d'un des derniers grands seigneurs de France, sachant bien qu'on ne lésine pas chez lui sur les salaires.
— Tu es bien stylé, l'ami ! fit le marquis, flatté plus qu'il n'eût voulu se l'avouer.
— Mon père était garde du duc de Chevreuse ! Il m'a appris ce qu'était un vrai gentihomme et ce qu'on devait à un maître de votre qualité, monsieur le marquis.
— Bon ! bon !
Le marquis sonna.
Il avait pris une décision.
Le valet de chambre parut.
— Joseph, lui dit il, monsieur est mon majordome pour le voyage dont vous serez avec Pierre et Louis.
Le valet fut béant de surprise.
— Vous donnerez une chambre à mon-

sieur, continua le marquis accentuant le mot.

Et se tournant vers l'ancien soldat :

— Ton nom ! fit-il.

— Georges ! dit-il.

— Il me va ! C'est heureux, car tu aurais dû en changer ! j'exècre certains noms.

Et une dernière fois au valet de chambre :

— Vous entendez, Joseph? M. Georges, vous commandera en mon absence.

Joseph resta ébaubi.

— Allez ! fit le marquis.

Georges prit très poliment congé.

Le valet de chambre dépité, furieux, jaloux, se retira pâle et oubliant la courbette obligée.

— N'avez-vous pas été bien vite à la besogne, mon ami? demanda la marquise à son mari.

— Non, chère belle, non ; je crois que nous avons mis la main sur un oiseau rare, un phénix.

— Mais c'est à peine si nous avons eu le temps de voir ce jeune homme.

— Bah ! je me fie à mon flair. Ce garçon est poli, bien dressé ; il sait ce qu'il vaut et ce que nous valons, croyez-moi, il nous conviendra...

— Espérons-le. Cependant j'ai cru remarquer de la roideur dans ce caractère-là.

— Tant mieux. Voyez ce Joseph, par exemple; il est vil et plat; mais il nous vole.

— Oh! fit la marquise.

Elle semblait dire qu'importe.

— Soit, passons; mais ce drôle a un caquet infernal; ça juge son maître et sa maîtresse.

— A l'office.

— Passons encore; il va chez les fournisseurs y cancaner, ce dont nous nous soucions peu, mais ce qui est fâcheux.

La marquise approuva d'un geste dédaigneux.

— Enfin, voici qui est grave.

Ici la jeune femme leva la tête.

— Le coquin, me croyant du bois dont on fait les cassandres, a cru devoir ébaucher çà et là quelques confidences que j'ai arrêtées net afin de n'avoir pas à le chasser.

— Vous avez eu tort.

— Il fallait le renvoyer?

— Sans doute.

— Hélas! chère belle, il ne vaut ni plus ni moins que d'autres qu'il eût fallu dresser.

La marquise se récria :

— Décidément, dit-elle, j'ai hâte d'avoir

une maison montée sur un autre pied; l'idée que des personnes de notre sorte ont à compter avec leurs serviteurs me révolte.

— Nous partons dans trois jours, dit le marquis.

Il se leva, baisa gracieusement la main de sa femme et la laissa seule.

Cependant Georges n'avait pas encore quitté la maison.

Joseph, obséquieux, voulut lui montrer sa chambre, lui présenter Pierre et Louis, l'installer.

Le nouvel intendant se laissa faire.

Toutefois rien de la mauvaise humeur du domestique ne lui avait échappé, car il le prit en particulier et lui dit :

— Vous m'avez vu entrer ici avec regret, Joseph ; ne niez pas, je comprends ça.

— Monsieur !

— Il n'y a pas de monsieur qui tienne. A votre place je serais tout comme vous, mon cher ami.

Joseph sourit.

— Or, reprit Georges, vous ne perdez rien à mon installation ; du reste je ne garderai pas longtemps cette place.

— Ah !

— Non, mon intention est de demander un emploi de garde-chasse au retour.

— Très bien, monsieur Georges; votre confidence me soulage d'un grand poids, allez.

— J'en étais sûr.

— Que voulez-vous! on n'est pas resté dix ans dans la même maison sans avoir pris des habitudes.

— C'est très naturel.

En quelques minutes l'intendant et le valet de chambre étaient devenus les meilleurs amis du monde; le premier s'attendait à trouver le premier hautain et roide; il était enchanté de s'être trompé du tout au tout.

Georges avait une valise.

Il l'ouvrit.

Joseph fut assez étonné de la voir bourrée de cigares et de tabac blond.

— Oh! oh! dit-il, une jolie provision pour un fumeur, monsieur Georges.

— Ce sont des *basson* d'Oran et du *touchran* de Milianah! Ça vaut tout ce que vous avez de mieux à Paris. En usez-vous, mon cher?

— Avec votre permission.

— Comment donc!

Et Georges offrit un cigare à Joseph, en alluma un, s'assura que la porte était close, invita le valet de chambre à s'asseoir et lui dit :

— Causons.

— Volontiers, fit l'autre.

— Mettez-moi au fait.

— Hum ! c'est délicat.

— Sans doute, avec un sot ; mais avec moi ! ne craignez rien ; je n'abuserai pas de vos confidences.

— Vous le promettez ?

— Je le jure ; un mot sur monsieur d'abord.

— C'est un original, un vrai grand seigneur, il n'a pas de préjugés bourgeois, il sait que je le vole et n'en souffle pas un mot ; bref, c'est un maître parfait.

— Parfait ! parfait !

— Ma foi, oui.

— Allons tant mieux. Et madame ?

— Elle, c'est différent.

— Ah ! ah ! voyons ça.

— C'est une femme bizarre, arrogante, dure aux gens, méprisant tout ce qui est au-dessous d'elle.

— Diable ! Et au-dessus !

Joseph riant :

— Au-dessus ! Elle ne croit personne supérieur à elle ; c'est inouï combien cette femme-là a d'orgueil.

— Dame ! Elle est marquise.

— Oui, sans doute, mais elle se croit reine, déesse, plus encore, s'il y a mieux que ça.

— Oh ! oh !

— Tenez, par exemple, elle ne me regarde pas comme un homme moi qui vous parle !

— C'est trop fort !

Georges dit cela avec une fine pointe d'ironie que ne remarqua pas le valet de chambre.

— Non ! fit-il. Je puis vous le prouver.

— Prouvez, Joseph, prouvez.

Joseph aurait bien voulu dire Georges tout court ; il n'osait pas, il n'osa jamais. L'intendant lui en imposait.

— Imaginez-vous, dit-il, qu'un jour, un matin, en l'absence de la femme de chambre, madame sonne.

— Vous accourez !

— Précisément et je la trouve...

Joseph se croisa les bras.

— Devinez où ?

Il avait une pose indignée.

— Au lit ? demanda Georges.
— Non.
— En chemise ?
— Non.
— Au bain ?
— Vous y êtes.
— Vous avez raison, c'est fort.
— Je veux me retirer, mais elle me commande ceci, cela ; elle me fait aller, venir, j'en étais sur les dents ; l'émotion me faisait voir trouble et je tremblais.
— Pauvre Joseph !
— A ma place vous auriez été comme moi.
— Je n'en doute pas.
— C'est que, voyez-vous, c'est la plus belle femme qu'on puisse voir ; la chair est du marbre, du marbre blanc ; au Louvre, à Versailles, n'importe où, on ne voit rien de pareil.

Georges eut un mouvement qu'il réprima.

— Ce n'est pas tout, dit Joseph.
— Quoi encore, grand Dieu !
— Ceci est grave.
— Qu'allez-vous me dire ?
— Madame est cruelle.
— Cruelle !

— Une vraie panthère ! Elle bat ses femmes de chambre ; elle ne peut en garder une pendant un mois

— C'est une manie.

— Un besoin, monsieur.

Et Joseph baissant de ton :

— Battre ce n'est rien ; elle larde ses femmes.

— Quoi, vraiment !

— Elle les larde, vous dis-je, avec ses épingles.

— Un monstre alors !

— Tout simplement.

Georges songea.

— J'ai ouï raconter, dit-il, que les grandes dames romaines avaient l'habitude de piquer ainsi leurs esclaves avec des aiguilles d'or, quand elles en étaient mécontentes.

— Voyez-vous ça ! C'est pour imiter ces femmes qu'elles se donnent un pareil genre.

— Que disent les bonnes ?

— Elles crient, menacent, se font payer la piqûre et partent la poche pleine.

— Pauvres filles !

Georges avait l'air peu convaincu.

— Comment madame vit-elle avec monsieur ? demanda-t-il curieusement au valet de chambre.

— Au mieux.
— Elle l'aime ?
— Allons donc !
— Elle le trompe ?
— Non.
— Elle s'en contente ?
— Ils n'ont aucun rapport.
— Point de mari, point d'amants ! Décidément, voilà une femme extraordinaire !
— Si vous saviez tout !
— Mais, sacrebleu, ne me cachez rien.
— Je n'ose.
— Vous êtes trop avancé pour reculer.
— Allons soit. En avant du secret de madame. Ecoutez...

XII

Le secret de Madame.

Il semblait anxieux de connaître le secret de la marquise, et tendait avidement l'oreille.

Antoine avait des démangeaisons sur la langue.

Il ne se fit pas trop prier.

— Nous avons tout su, dit-il, par l'ancienne femme de chambre, celle qui précéda celle-ci, une bonne fille qui supporte tout, tout sans mot dire.

— Quelle patience !

— Les gages sont énormes ?

— Et le secret ?

— J'y arrive.

« Imaginez-vous que le marquis ne peut avoir d'héritiers de sa femme et qu'il en voudrait un. »

— Bon, je saisis.

— La marquise est donc libre de prendre un amant et elle n'en prend pas ; ça, j'en suis sûr.

— La main au feu ?
— La tête aussi.
— Je vous crois, quoique très étonné.

Joseph prit un air capable.

— A nous autres, on ne cache rien, dit-il.

« Je continue :

« Depuis longtemps nous étions donc intrigués de ce mystère-là, car il y avait du louche là-dessous.

« On veillait inutilement.

« La femme de chambre dont je vous ai parlé a tout su, elle.

— Une fine mouche !
— Rouée comme tout.

« Elle a tant épié madame, qu'une nuit, à la rentrée du bal, elle l'a entendue parler toute seule.

— Que disait-elle ?
— Des choses drôles !

« Elle était déshabillée et se mirait dans ses glaces avec amour, en s'écriant d'un air rageur :

« Un homme !...

« Où trouverais-je un homme digne de ça ?...

— Ça, c'était elle.
— Evidemment.
— Quelle femme !

— Il paraît qu'elle arpentait la chambre, rugissant comme une tigresse contre les Parisiens.

— Tiens ! tiens !

— Elle les trouvait mesquins, laids, petits.

— Pauvres Parisiens !

— Elle demandait à haute voix les hommes d'autrefois, les grands hommes, les Romains !

— Pas dégoûtée, la marquise !

— Elle frappait sur son sein, monsieur.

— Une vraie rage, alors !

— Elle disait :

« Cléopâtre ! voilà Cléopâtre !

— Entre nous, je crois que Cléopâtre n'était pas plus belle ; qu'en pensez-vous, Joseph ?

— Moi, je n'en sais rien. Mais j'ai entendu parler de César, un empereur d'autrefois, qu'elle appelait ce soir-là.

« Voilà Cléopâtre, disait-elle, mais où est César ?

Et très finement :

— N'ayant pas de César à lui offrir, nous n'avons pas bougé, bien entendu et nous sommes tenus cois.

— Vous etiez donc là ?

— A la fin, oui.

— Et vous concluez ?

— Que la marquise a du tempérament, qu'elle aimera quelqu'un à la folie, mais un roi.

— Ou un domestique.

Joseph sauta sur sa chaise.

— Quelle folie, dit-il.

— Ah! monsieur Joseph, ne vous récriez pas; vous verrez ça, je vous le prédis, mon cher.

— Mais songez donc !

— Je vous dis, moi, que ces caractères-là sont capables de tout ; elle aura un jour quelque fantaisie bien surprenante.

— Eh! eh! fit Joseph. Dites vrai et que ce soit moi qui lui plaise, monsieur Georges.

— Je vous le souhaite.

L'intendant en savait assez.

— Je sors, dit-il, merci de votre confiance; comptez sur un silence absolu et sur ma bienveillance.

« Au revoir ! »

Il sortit.

— Drôle d'homme ! murmura Joseph.

Il le regarda marcher dans la cour.

— Ces soldats ! dit-il, ça se dégourdit au

régiment ; celui-là marche comme un homme de qualité.

« C'est égal, il me va. »

Quant à Georges, il disait une fois dehors :

— Je puis bien avoir prophétisé vrai. Il pourrait advenir que la marquise aimât un domestique. Ces types-là sont fort singuliers et s'éprennent vite.

Il se perdit dans la foule.

XIII

*D'un coup de poing qui fit bon effet
sur la marquise.*

Trois jours plus tard on partait.

Le marquis avait loué deux chaises de poste; une pour lui et sa femme, une pour ses gens.

La sienne luxueuse.

L'autre simplement confortable.

Georges avait présidé aux achats.

Le marquis en était très content.

Il faisait tout discrètement, sans zèle importun, sans bruit; son monde marchait d'un regard.

La marquise avait dédaigné de faire aucune observation sur l'intendant qui se trouvait dans la première voiture.

Celui-ci occupait, en haut de la chaise sur une espèce d'impériale, un siège en plein soleil.

Il faisait une chaleur étouffante.

Hors Paris, le marquis remarqua que sa jeune femme haletait, il sourit.

— Ma toute belle, vous avez bien chaud, dit-il, mais votre supplice va cesser.

— Et comment ?

— Tenez, nous voilà sur le grand chemin, nous n'avons plus à nous gêner; regardez.

Il poussa un ressort.

Les pans de la chaise tombèrent, et se rabattirent horizontalement au-dessus des roues; des stores se baissèrent en même temps et formèrent une sorte de tente dont l'étoffe, agitée par le galop des chevaux, faisait éventail, rafraîchissant l'air agréablement.

La marquise donna sa main à baiser à son mari qui s'en montra ravi, comme s'il n'eût eu que cinquante ans.

— Ne me remerciez pas encore, dit-il.

— Quoi ! Ce n'est pas tout ?

— Non !

Et le marquis prit un léger paquet, le défit, en tira un filet de soie extrêmement fin, le suspendit à deux crochets au sommet de la chaise et dit :

— Voilà un hamac !

— C'est délicieux ! s'écria la marquise.

— N'est-ce pas ?

— Vous êtes mille fois bon.

— Vous me confondez, chère Marie.

— Comment reconnaîtrai-je votre attention ?
— En me donnant un héritier, mignonne.
— Ah ! voilà le grand mot !
— Que voulez-vous ! Il le faut bien. Les de Nunez ne sauraient finir avec moi.
— Je tâcherai ! dit-elle.

On arrivait au relais.

Les stores donnaient une forme étrange à la chaise ; les badauds l'entourèrent.

— Ces manants ! fit la marquise avec dégoût, en écartant une toile ; ils glosent sur nous.

Tout à coup de vigoureux coups de fouet retentirent, puis quelques cris douloureux.

Une voix avait crié :

— Fouettez-moi cela, postillon !

Le postillon y avait été gaiement.

Mais un homme, une sorte de portefaix s'avança, quand chacun reculait dans la foule ; il cria au postillon :

— Je veux rester ici, moi ! Gare à qui me touche !

Georges sauta à terre.

— En selle, dit-il au postillon et prépare les guides.

Le postillon monta sur son cheval.

Georges, alors, s'avança vers le mécontent, l'empoigna par le milieu du corps, le jeta à dix pas très tranquillement, remonta sur son siège lestement et ordonna :

— Partez !

Les deux voitures s'ébranlèrent.

La foule stupéfaite s'entr'ouvrit et se tut, faisant une large place aux chaises.

Il est vrai que, quelques instants après, l'on entendait quelques clameurs confuses. Mais on était loin déjà.

XIV

Où la marquise est offensée par un officier.

La marquise avait vu toutes les péripéties de cette scène rapide; elle n'avait dit mot.
Pourtant, au moment où l'homme avait roulé à terre, elle avait poussé un petit cri.
— Qu'est-ce ? avait dit le marquis.
Penchée pour voir, elle n'avait point entendu et par conséquent point répondu.
On était à deux cents pas du théâtre de l'incident, quand, se tournant vers le marquis, elle lui dit :
— Qu'en pensez-vous ?
— De quoi, chère belle ?
— De notre guide ?
— Que c'est un charmant jeune homme qu'il faut ménager et nous attacher.
— C'est mon avis.
— C'est lui qui a eu l'idée du hamac.
— Ah !
— En trois jours il a obtenu le prodigieux résultat d'aménager cette chaise en palanquin.

— C'est un garçon précieux.

— Il a mis cinq ouvriers à l'œuvre, les a surveillés nuit et jour, leur commandant tout.

Le marquis se retourna et poussa un bouton.

— Tenez, une cave à liqueur, ici, dit-il.

En effet, dans le fond de la voiture s'ouvrait un tiroir plein de bouteilles et de verres.

— Ici la glacière, continua le marquis.

« Ici la bibliothèque ! »

Et il ouvrait des armoires, découvrait des cachettes, émerveillait la marquise.

— Ici un garde-manger ! continua le vieux gentilhomme.

— Et là ?

— Une toilette.

— Mais c'est charmant.

La marquise fit une chose inouïe.

— Mon ami, dit-elle, je n'ai pas besoin de vous recommander d'être généreux avec ce garçon ?

— Je le couvrirai de louis ! dit le marquis.

— Et vous y ajouterez de bonnes paroles, n'est-ce pas ? Car je suis très contente de lui.

« Avez-vous vu comment il a malmené cette espèce d'athlète tout à l'heure ? »

— Mais point. Que s'est-il passé ?

— Vous n'avez donc pas regardé ?

Et la marquise raconta la scène.

— Bravo ! bravo !

Le vieux gentilhomme se sentant tout joyeux, prit un verre dans le cabaret, l'emplit de *porto* et le passant par l'interstice des stores à Georges étonné :

— Tiens, mon ami, dit-il. La marquise t'engage à vider cela à sa santé et à la mienne.

Georges se pencha, saisit le verre, remercia et but.

Tout à coup on entendit le cristal se briser en morceaux sur la route.

— Que fait-il ? demanda la marquise.

— Il casse le verre, tudieu ! dit le marquis. C'est magnifique de tact, c'est splendide, c'est régence.

— Je ne comprends pas.

— Mais, mignonne, ne voyez-vous pas que ce jeune homme n'admet pas que vous puissiez boire dans ce verre où il a bu, lui qui n'est pas notre égal. Est-ce joli cela ?

— Trop joli !

— Que dites-vous ?
— Que l'on rêve des domestiques comme ça ; mais que jamais on ne les trouve.
— Et celui-là ?
— Vous verrez qu'il a quelque vice énorme !
— Peuh ! J'en doute.
— Ah ! mon ami, souhaitez qu'il n'en ait qu'un. Je crois que je lui pardonnerais de se griser.

Décidément la marquise s'était engouée de Georges.

On arrivait au relai, on y déjeuna.

La marquise, en remontant dans la chaise, observa Georges, il n'avait pas la moindre apparence d'avoir trop bu.

— Allons, se dit-elle, il nous volera.

Le marquis protesta.

— Pour cela, non, dit-il.
— Quelle preuve en avez-vous ?
— Pour voler il faut être avide, n'est-ce pas ? Eh bien, vous allez voir de quel air il reçoit l'argent.

Le marquis, — la chaise n'était pas encore en route, — héla Georges qui se présenta à la portière.

— Tiens, mon ami, dit M. de Nunez, voilà

pour le coup de poing à ce maraud du relais.

— Merci, monsieur le marquis, dit Georges en prenant une dizaine de louis qu'on lui tendait.

Il les mit dans son gousset sans compter.

— Vous avez vu?

— Oui, fit la marquise.

Et elle se mit à réfléchir.

Jusqu'au soir elle ne dit presque rien.

On entra dans la ville où l'on couchait.

Au dernier relais, Georges avait choisi un bon cheval et était parti ventre à terre en avant.

A l'arrivée des voitures devant l'hôtel, la marquise trouva tout le personnel de la maison rangé sous la voûte de la porte cochère pour la recevoir.

Le maître d'hôtel, sa femme, cinq ou six domestiques, tous, la coiffe, le chapeau ou la casquette à la main, respectueux, muets et circonspects se tenaient prêts.

Les palefreniers allèrent aux calèches.

Les gens de service montèrent les malles.

Le maître d'hôtel conduisit les voyageurs à leur appartement, où deux bains étaient prêts.

Tout était prévu.

Mademoiselle Fanny s'empressa près de madame.

Joseph s'occupa de monsieur.

Comme madame, après s'être baignée, se faisait coiffer, le chef vint demander ses ordres pour le dîner.

— Dans une heure, dit-elle ; quant au menu, voyez M. Georges ; je tiens à une glace, voilà tout ; le reste le regarde.

Et le chef alla voir l'intendant.

Celui-ci organisa le repas, puis s'habilla d'une façon assez élégante et sortit.

Il se promenait depuis quelques instants sur la grande place, quand parut la marquise au bras de son mari.

C'était l'heure où les officiers de la garnison prenaient l'absinthe.

On sait quelle transformation s'est operée dans l'armée depuis les guerres de Crimée et d'Italie.

L'officier auparavant cassant, roide, prenait le haut du pavé, en province surtout.

L'épaulette se croyait tout permis.

Depuis le type du matamore, du capitaine Fracasse, du mousquetaire par imitation, a disparu.

Mais alors...

Chacun s'en souvient.

Donc, messieurs les officiers humaient l'absinthe devant la porte de leur café.

L'apparition de la marquise fit sensation.

— Tudieu, la jolie femme !
— Sacrebleu la belle tête !
— Et les épaules... etc.

Sur le mari, autre concert.

— Ce petit vieux est son grand-père.
— Ou son oncle...
— Il a cent ans.
— Il était dans l'arche.
— C'est son mari.
— Vraiment !
— J'en suis sûr.
— Il devrait être honteux, ce bonhomme avec sa face en vieille lune, de promener à côté de lui ce soleil-là.
— Jouons-lui un tour.
— Lequel ?
— Une idée, je vais offrir un bouquet à sa femme.
— Vite, un bouquet.
— Pierre, cours au jardin, ravage-le, apporte-nous des fleurs ; vite donc, animal.

Cinq minutes après, un joli sous-lieutenant, légèrement gris, l'auteur de l'idée, un bouquet à la main, s'inclinait devant la marquise qui pâlissait.

— Avec la permission de monsieur ! dit-il ; permettez-moi, madame, de vous présenter ces fleurs.

— Prenez donc, marquise, dit M. de Nunez avec un beau sang-froid, en toisant le sous-lieutenant.

Les officiers riaient.

Sous le froid regard du vieux gentilhomme, le sous-lieutenant perdait un peu contenance.

— Vous formez donc une corporation ? demanda négligemment le marquis après examen.

— Que voulez-vous dire ? demanda l'officier troublé.

Le gentilhomme mettait la main à son gousset.

— Je vois que les bouquetiers de la ville portent un uniforme et je suppose qu'ils forment, comme les bouquetières de Florence, une sorte de corps d'Etat.

Puis, avec une sorte de négligence :

— Tenez, l'ami.

Le marquis donna dix francs à l'officier.

— Monsieur ! dit celui-ci.

— Prenez et dépêchez, mon garçon. Ne me faites pas supposer que j'ai de trop bons yeux ; que je vois sur vos épaules des épaulettes de sous-lieutenant, ce qui me ferait croire qu'aujourd'hui, dans l'armée, des goujats les portent.

— Goujat ! répéta l'officier furieux.

— Le mot est dur, dit une voix derrière lui ; il ne fallait pas vous y exposer, monsieur.

Le sous-lieutenant se retourna.

Son colonel, en bourgeois, était derrière lui.

En passant, il avait vu ce qui se passait, et il intervenait, disposé à sévir.

— Madame, dit-il à la marquise, veuillez accepter mes excuses et mes regrets.

Et au marquis :

— A vous, monsieur, je pense qu'un mois d'arrêt sera satisfaction suffisante. Si toutefois vous désirez plus, j'en écrirai au ministre de la guerre.

Le colonel salua courtoisement et se retira ; le sous-lieutenant, tout penaud, s'éloignait aussi.

— Voilà un galant homme ! dit le marquis en parlant du colonel, qui avait déjà quitté la place.

— L'autre est un misérable ! fit la jeune femme.

Et en passant près d'un ruisseau elle y

lança le bouquet avec une rage fiévreuse, quoique contenue.

A peine avait-elle regagné l'hôtel, que l'incident se corsait singulièrement.

Georges venait s'asseoir, comme par mégarde, parmi les officiers, près de celui qui avait offert le bouquet.

Il demanda une absinthe, ouvrit un journal, goûta sa consommation et la lança par-dessus son épaule.

— Détestable ! dit-il.

Le contenu du verre avait frappé en pleine figure le sous-lieutenant au bouquet.

— Tonnerre de Dieu ! s'écria celui-ci ravi de passer sa mauvaise humeur sur quelqu'un.

Georges ne se détourna même pas.

— Dites donc, monsieur le maladroit, dit le sous-lieutenant, vous feriez bien de regarder derrière vous, afin de ne pas arroser les gens ; vous allez m'essuyer ça avec votre mouchoir !

Georges se leva.

— Monsieur, dit-il, si vous aviez été poli, je vous aurais offert les services du garçon et mes excuses.

— Gardez vos excuses et essuyez !

— Avec un soufflet, si vous voulez !

Et le geste suivit le mot.
Un duel était inévitable.

— Demain, à l'épée, si vous voulez? dit Georges.

— Accepté.

— A sept heures du matin.

— Soit.

— Sur la route de Lyon.

— Pourquoi par là ?

— Parce que, après vous avoir donné un coup d'épée, je me mets en route pour Lyon.

— Vous êtes bien sûr de me blesser?

— Oui.

Ce oui, dit froidement, exaspéra le sous-lieutenant.

— Mon petit monsieur, dit-il, avant de vous *tuer*, il appuya sur le mot, je vous préviens que je suis plus fort que le maître d'armes du régiment, qui manie joliment le fleuret.

— Tant mieux, ça m'amusera un peu.

Et Georges se remit flegmatiquement à lire.

— Il faut quitter la place ! dit le sous-lieutenant rageur; ce café est le nôtre, monsieur!

— C'est possible, monsieur ! Mais, à

moins que vos camarades ne trouvent mauvais que je reste, je demeurerai.

Et se tournant vers les officiers :

— Messieurs, dit-il, j'aime fort l'armée, je compte en Afrique beaucoup d'officiers parmi mes amis ; je vous le demande, ai-je été provoquant, et pouvais-je accepter la façon de parler de votre ami ? Pas un de vous ne l'admettra.

Il y eut un silence d'approbation.

Le jeune homme en fut plus enragé.

— Prenez garde ! dit-il.

— A quoi ?

— Je vous chasserai !

— N'essayez pas !

Le sous-lieutenant fit un pas.

Ses amis voulurent intervenir,

— Laissez, dit Georges, vous allez voir.

Et prenant d'une main une table de marbre massif, il la leva, montrant une force de poignet prodigieuse, la reposa sur le sol et se rassit.

— Avis ! fit-il.

— Monsieur est hercule ?

Georges ne dit rien, fouilla dans son gousset, en retira un ruban rouge, le mit à sa boutonnière sans mot dire.

C'était une réponse au mot hercule.

Le sous-lieutenant se tut.

— Je recevrai vos témoins ce soir, dit Georges au bout de dix minutes ; je souhaite qu'ils me viennent voir, à l'hôtel, en bourgeois ; ils demanderont M. Georges.

« Messieurs, j'ai l'honneur de vous saluer. »

Il quitta le café.

XV

Où la marquise s'étonne de la conduite de Georges à l'égard du beau sexe.

Au dîner, la marquise fut maussade.
— Fâcheuse affaire, n'est-ce pas ? lui dit le marquis.
Elle suivait une pensée sans écouter.
— Remettez-vous, ma mignonne, dit le vieux gentilhomme ; de pareilles impertinences sont choses que l'on ne peut éviter ; il faut prendre cela comme on prend le temps.
— On ne peut éviter, soit, mais on peut punir, dit la jeune femme avec des éclairs dans les yeux.
— Un mois d'arrêt.
— Qu'est-ce que cela ?
— Si j'avais su ! fit le marquis.
— Qu'eussiez-vous fait ?
— J'aurais refusé les excuses que le colonel nous a faites au nom de ce petit étourdi.
— Et puis ?

— Je me serais battu.

— A votre âge ?

— Eh ! madame, ne me jugez pas sur une défaite qui n'a aucun rapport avec le duel.

— Mon ami !

— Oui, oui, je sais ; vous n'avez pas voulu me faire de la peine ; mais, croyez-le, j'ai pu faiblir... un certain soir... malgré le feu encourageant de vos beaux yeux... c'était, il est vrai, besogne de jeune homme.

— De grâce !

— Mais, sur un autre terrain, je vaux un jeune homme ; je tire encore très proprement.

— Je suis désolée.

— Chère enfant, ne regrettez rien. Il est trop tard maintenant, et, au fond, mieux vaut qu'il en soit ainsi. Un duel eût fait un énorme scandale et donné du retentissement à cette affaire ; mais j'aviserai à vous venger autrement de ce drôle.

— Savez-vous combien je suis folle ?

— Je vous trouve très raisonnable.

— Vous ne direz plus cela quand vous connaîtrez le fond de mon caractère ; tenez, si un homme me tuait cet insolent ou me le faisait tuer, je lui en saurais un gré infini.

— Oh ! oh ! Ne dites pas cela si haut.

— Soyez tranquille, on ne nous entend point.

— Quel dommage que Georges n'ait pas passé par là !

— Ah ! vous pensez qu'il...

— Qu'il eût rossé l'officier, oui.

— C'eût été d'un effet détestable. Qu'on jette un portefaix dans la poussière, ce n'est rien. Mais un sous-lieutenant battu par un de mes gens, ce serait une déplorable chose.

— Tant pis pour qui s'expose à cela.

— Ah ! marquise, vous ne vous doutez pas de ce qui en résulterait ; il n'y aurait qu'un cri dans l'armée.

— On la laisserait crier.

Le marquis admirait sa femme.

— Tenez, dit-il, vous méritez de vivre au bon vieux temps, d'être la reine Margot, Diane de Poitiers, ou la Pompadour, toutes femmes pour lesquelles les rois faisaient se battre les peuples !

— Je crois que ces rôles, en effet, eussent été à ma taille ; mais ces jours de fêtes sont passés pour les femmes.

Elle se leva.

— Nous allons au théâtre, je crois ? dit-elle.

— Oui, Georges a loué une baignoire ; de cette façon, nous ne nous afficherons pas, ma chère belle.

— Comment irons-nous au spectacle ?

— Dans une calèche assez sortable, que notre guide a su dénicher le diable sait où.

— Vous serez prêt ?...

— Dans un instant.

La marquise passa dans sa chambre, mit un chapeau et attendit que son mari la prît.

Celui-ci causait avec Georges, qui avait demandé la permission de se présenter à son maître.

— Que veux-tu ? demanda-t-il bienveillamment à celui-ci.

— Me montrer ! dit-il en souriant.

— Pourquoi ?

— Monsieur le marquis m'a laissé comprendre qu'il m'accordait certaines libertés.

— Prends-les, mon garçon.

— Reste à savoir si je ne dépasserai pas la mesure. Ainsi, ma mine peut déplaire ?

— Non, parbleu non. J'aime l'élégance chez mes gens. Tu es fort bien en habit noir.

— Je remercie monsieur le marquis.

— Où passes-tu ta soirée ?

— Au théâtre.

Le marquis eut une idée de grand seigneur.

— Tu ne bois pas? dit-il.
— Peu, du moins.
— Joues-tu ?
— Parfois, toujours avec bonheur.
— Sans passion, alors ?
— Avec un certain intérêt, mais pas plus.
— Si tu n'aimes ni le vin, ni le jeu, tu dois adorer les femmes ; tu souris, c'est cela.
— Ce serait là mon faible, dit Georges.
— Ton fort, tu veux dire ?

Et avec bonhomie :

— On ne te connaît pas en ville ; tu as belle tournure ; tranche du gentleman, mon ami.
— Vous me comblez.
— Non pas : je fais la part du feu. On n'a pas de serviteur parfait ; je te permets les femmes.

Georges s'inclina.

Le marquis reprit :

— Il y a peut-être une actrice potable ici ; attire son attention, sème l'or ; tu n'en manqueras pas, si nous continuons à être contents l'un de l'autre.
— Monsieur le marquis est trop bon.

— Ta, ta, ta, va donc toujours. Campe-toi à l'orchestre, lorgne les bourgeoises, inquiète les maris.

— Je ferai de mon mieux.

— Envoie des bouquets sur la scène.

— Je n'y manquerai pas.

— Très-bien ! Ton manège m'amusera. Jadis, je fus mousquetaire, et, cornebœuf ! j'en faisais de belles. J'aime les furons !

Georges s'inclina et prit congé.

Le marquis et madame de Nunez montèrent en calèche et arrivèrent au théâtre, qui était comble ce soir-là.

Le spectacle était amusant.

Georges était allé trouver le directeur, et lui avait donné une somme assez ronde pour qu'il changeât l'affiche et jouât des vaudevilles au lieu d'écorcher un opéra.

Il en était résulté que le directeur avait prévenu la troupe qu'un original fort riche serait le soir dans la salle ; les dames s'étaient mises sous les armes.

En entrant, le marquis chercha des yeux son intendant, et ne le vit point à l'orchestre.

— Il se fait attendre, pensa-t-il.

Et à part lui.

— Ce garçon est très amusant. Il me distrait.

A la fin du premier acte, il se fit un certain bruit dans l'orchestre ; un monsieur gagnait sa place, dérangeant tout le monde ; personne n'osait refuser passage.

Au parterre, on criait :

— Chut !

Aux galeries, on clamait :

— Assis !

Il y eut du trouble.

Enfin, le monsieur prit place.

Il avait une mise de dandy irréprochable ; autour de lui, les gandins du cru faisaient tache.

Il portait avec brio son linge fin, son habit, ses gants jaunes, son lorgnon ; il jouait très élégamment avec sa jumelle ; il avait des poses abandonnées d'habitué de l'Opéra ; il se tenait fort bien enfin.

Toutes les lorgnettes s'étaient braquées sur lui, et il semblait à l'aise au milieu de cette curiosité générale ; de ci, de là, il faisait errer un regard indifférent.

Bref, un lion parisien ne se fût pas mieux comporté ; aussi fit-il sensation.

Avec cela, extrêmement beau, et parfaitement placé pour être vu ; les femmes s'affichaient par leur persistance à le lorgner ; plus d'un mari fut dépité.

— Voyez donc ce Georges ! fit le marquis.

— Comment, en habit de soirée ? dit la marquise.

— Je le lui ai permis. Le trouvez-vous mauvais ? Il m'a semblé drôle de faire tourner la tête à toutes ces bourgeoises par notre intendant ; nous en rirons demain.

La marquise haussa légèrement les épaules.

Georges avait loué deux stalles au lieu d'une, afin d'être à l'aise ; ce détail frappa fort les provinciaux.

Pendant l'entr'acte, on causa.

A côté de la loge de la marquise, une jeune femme et une vieille dame assez comme il faut, toutes deux, parlaient haut selon la coutume des gens de a province.

— Voilà un beau jeune homme ! disait la vieille.

— Quelque fashionable de Paris, fit la jeune. Quel grand genre il a !

— Il doit être noble.

— Avec une tête comme celle-là, noble ou pas, il doit faire bien des passions.

— Le fait est que je n'ai jamais vu de type aussi parfait que le sien.

— Entendez-vous ? fit le marquis.

— Oui ! dit la jeune femme attentive et les lèvres un peu pincées.

— Ces deux femmes ont raison. Ce soir sous les armes, ce garçon est magnifique.

— Oh ! pour des bourgeoises, il est très bien ; mais sous cette tenue de gentilhomme, le bout de l'oreille du croquant doit passer.

La marquise, abritée par les paravents, lorgna Georges, et chercha en vain un détail manqué dans sa toilette ; elle ne trouva aucune critique à faire.

— On ne le connaîtrait point, dit-elle, qu'on s'y tromperait, et qu'on le croirait de race.

— Il y avait de la surprise et du dépit dans cet aveu.

Puis tout à coup elle observa.

— Où a-t-il pris ces habitudes d'élégance ?

— Il a été secrétaire d'un général qui connaissait son père, m'a-t-il conté.

— Je m'explique son attitude alors.

Le rideau se leva.

Georges parut d'abord prendre un médiocre intérêt au vaudeville qu'on représentait; mais peu à peu il sembla apprécier le jeu d'une actrice et suivre la pièce avec attention; deux ou trois fois, du bout des doigts, il applaudit.

L'actrice, enchantée, le prit pour point de mire, chanta pour lui, parla pour lui.

Ce manège fut remarqué.

A l'entr'acte, Georges sortit.

A l'acte suivant, l'actrice reparut avec un magnifique bouquet à la main; elle affecta de le conserver sur une table que représentait la scène, et cribla Georges de ses œillades assassines.

Il soutint ces provocations très dignement, souriant sans fatuité, montrant une mesure, un tact, un bon goût dont le marquis fut plus étonné encore que de tout le reste.

C'était le dernier acte.

Avant la chute du rideau, Georges quitta la salle; il sembla qu'avec lui s'en allait l'intérêt de la soirée.

La marquise ne voulut pas attendre non plus la fin du spectacle; elle se retira.

En passant sous le péristyle, elle remarqua Georges causant avec une jeune femme.

C'était l'actrice.

Elle était fort jolie.

Son rôle terminé avant la fin de l'acte, elle avait pu quitter la scène et attendait Georges.

Elle le buvait du regard, pour employer une expression populaire pleine de force ; on lisait l'amour dans son œil ; Georges semblait très froid.

La marquise vit tout cela en passant.

A l'hôtel, en se faisant déshabiller par Fanny, elle fut impérieuse et difficile.

— Madame souffre ? demanda celle-ci.

— Vous vous dispenserez de me questionner, une autre fois, dit la marquise avec mauvaise humeur.

Fanny resta bouche close.

— Vraiment, c'est incroyable, s'écria la marquise un instant après ; M. Georges se permet de s'absenter, et je n'ai pas réglé la journée de demain avec lui.

Fanny hasarda :

— Madame se trompe.

La marquise fut étonnée.

— Il est donc là ? dit-elle.

— Oui, madame, du moins je l'ai vu rentrer, il y a quelques minutes, avant de venir ici.

— Sonnez, et faites-le mander.

Fanny obéit.

— Eh bien! ne me jetez-vous pas un peignoir sur les épaules? dit la marquise avec impatience.

— Je n'osais, madame.

— Vous n'osiez, sotte! Pensez-vous donc que je vais recevoir ce garçon demi-nue?

— Tiens! pensa Fanny.

Et plus tard, à Joseph, elle disait :

— Celui-là est un homme pour elle!

Georges avait ôté son habit et endossé un paletot assez modeste.

La marquise remarqua ce détail.

Elle observa qu'il était en pantoufles.

— Je voulais vous demander comment vous comptez nous faire voyager demain? demanda-t-elle.

Georges, en quatre mots expliqua le plan de la journée, et voulut se retirer.

— A propos, dit la marquise, vous étiez au théâtre, ce soir; les pièces que vous nous avez fait donner m'ont amusée; vous avez bon goût, monsieur Georges.

— Trop heureux, madame la marquise, dit le jeune homme, d'avoir si bien réussi.

— Dites-moi, le marquis vous a donné congé jusqu'à demain, n'est-ce pas? Je voulais vous recommander de ne pas négliger vos devoirs malgré cela.

Et comme Fanny souriait :

— Mon mari m'a dit, fit-elle, que vous aviez trouvé ici l'un de vos amis d'Afrique; de là cette permission.

— C'est vrai, madame, dit Georges. Mais je ne saurais profiter de l'autorisation; mon ami est un sergent de la garnison, et il est de garde.

— Voilà un contre-temps. Ainsi, vous ne sortirez plus?

— Non, madame.

La marquise réprima son étonnement.

Georges quitta la chambre.

— Fanny, ma fille, dit tout à coup la marquise, je suis très curieuse, tu le sais.

— Oui, madame.

— Je m'ennuie.

— Le voyage distrait.

— Un peu, pas assez.

— Que veut savoir madame ?

— Pourquoi, monsieur Georges...

La marquise s'arrêta.

Elle hésitait.

Enfin, et brusquement :

— Fanny, dit-elle, je te répète que je suis curieuse, c'est terrible pour moi, mais quand je suis prise du désir de connaître une chose, je suis tourmentée.

— Que madame ne se gêne pas.
— Eh bien ! ma fille, ce soir, ce garçon est allé au théâtre; il a plu à une actrice.
— Madame suppose que...
— Je suis sûre, te dis-je.
Fanny fit la grimace.
— Qu'as-tu ?
— Rien, madame.
— Tu as quelque chose ?
— Je vous jure...
— Ne mens pas, je devine. Tu aimes ce jeune homme ?
— Un peu, oui, madame.
— Je ne t'en empêche pas.
— Comment, madame tolère...
— Oui, tâche même de lui faire comprendre que tu as du penchant pour lui; tu es jolie, très jolie.
— Madame me flatte.
— Sotte ! fit la marquise.
Et elle reprit :
— Qu'il sache clairement que tu en es éprise, et tu me raconteras comment il prend la chose.
— J'obéirai.
— Tu tâcheras aussi de te rendre compte de sa froideur pour cette actrice qu'il dédaigne.

— Il l'a dédaignée ?
— Oui.
— C'est à cause de moi.

La marquise eut un soubresaut étrange.

Elle fit brusquement :

— En es-tu sûre ?
— A peu près.
— Tâche d'en avoir la certitude. Bonne nuit, va-t'en.

Fanny se sauva.

— Singulière femme ! fit-elle.

Un coup de sonnette la rappela.

— Tu as eu des amants, n'est-ce pas? lui demanda la comtesse à brûle-camisole.

Elle tardait à répondre.

— Parle. Je ne suis point une bourgeoise, moi !

Fanny se décida.

— Oui, fit-elle rougissant.
— Eh bien ! vingt louis pour toi, si tu me prouves qu'il est à toi; ce, le plus tôt possible.
— Je ferai de mon mieux, madame.

Seule, la marquise dit :

— Ce garçon a quelque chose de singulier qui m'intrigue, il faut que je sache son secret.

Quant à mademoiselle Fanny, réellement

éprise, pleine d'espérance, elle alla, effrontée, frapper à la porte de Georges, qui cria :

— Entrez!

Et à la vue de Fanny :

— Tiens, c'est vous, petite! dit-il.

— Oui, monsieur Georges.

— Que me voulez-vous?

— Vos ordres, fit-elle.

— Rien, ma belle! dit-il.

— Rien du tout?

— Un baiser, si tu veux?

Elle tendit son front.

Il l'embrassa.

Moitié calcul, moitié passion, elle lui jeta les bras au cou; mais lui, tout doucement :

— Là, dit-il, on m'aime donc ?

— Oui! fit-elle.

— Diable ! dit-il.

Et il parut embarrassé.

Il la prit sur ses genoux, la calma un peu, et lui dit tout doucement, pour ne pas la froisser :

— Ne t'étonne pas, petite, si je n'accepte pas ta gentille offre ; mais j'ai un secret.

— Quel secret ?

— Un gros.

— Dites-le.

— Non, c'est trop lourd à porter.

Et la poussant doucement vers la porte :
— Au revoir ! dit-il.

Il l'embrassa encore.

Elle pleurait en s'en allant.

Elle pleurait un beau garçon et vingt louis.

Toutefois, elle courut à la chambre de madame, frappa discrètement et entra.

— Oh ! déjà ! fit la marquise.

— Madame, excusez-moi.

Et Fanny raconta son entrevue.

— Oh ! oh ! fit la marquise, voilà qui se complique ; il faudra voir clair là-dedans.

Elle s'endormit très intriguée.

XVI

Où Georges se bat.

Le lendemain, au réveil, le marquis sonna Georges.

Point de Georges.

Joseph présentait les excuses de l'intendant.

— Il a mis tout en ordre, dit-il, et m'a chargé de dire à monsieur que, pour affaire urgente, il partait en avant.

— C'est assez sans gêne! fit le marquis.

Il en parla à madame de Nunez.

— Oh! dit celle-ci, nous ne reverrons plus ce garçon-là; il nous a volés et il est en fuite; je m'explique tout maintenant; c'est un de ces chevaliers d'industrie habiles et de haute main qui vous pillent le plus adroitement du monde.

Le marquis fit vérifier ses malles, palpa son portefeuille et trouva tout en ordre.

— Non, dit-il, Georges est la probité même, chère amie, tout est intact.

— Mais ce départ?

— Une surprise, sans doute, qu'il nous prépare.

La marquise se creusa la tête pour deviner.

On galopait depuis quelques minutes, quand au détour de la route, à l'entrée d'un bois, on vit un groupe d'officiers arrêté autour d'un brancard.

— Qu'est ce que cela ? fit la marquise.

On se pressa pour arriver plus vite, et le postillon arrêta la chaise.

La marquise vit, couché sur le brancard, l'officier qui l'avait insultée la veille ; il était ensanglanté et râlait sous la main d'un chirurgien.

La jeune femme se rejeta vivement en arrière, et cria au postillon :

— En route !

Elle était devenue fort pâle, puis très rouge.

— Voilà qui est bizarre, dit le marquis ; qui a pu tuer ce sous-lieutenant ?

— Ne devinez-vous pas ?

— Georges, peut-être ?

— Je le crois.

— Vous en aviez parlé devant lui ?

— Pas un mot.

En ce moment Georges apparut.

Il s'avança tranquille et souriant.

— Monsieur Georges, dit sévèrement le vieux gentilhomme, vous avez eu tort de faire ce que vous avez fait et je suis très irrité de ce manque de tact.

— Monsieur le marquis, je suis désespéré. Mais cet officier m'avait gravement offensé.

— Comment cela ? fit le gentilhomme changeant de ton.

Georges raconta la scène du café.

— Votre récit est exact de tous points ? demanda M. de Nunez avec insistance.

— Scrupuleusement vrai.

La marquise intervint.

— Ne saviez-vous pas que ce sous-lieutenant m'avait offensée ? demanda-t-elle.

— Personne ne m'en avait parlé, dit Georges.

— C'est différent, alors, fit le marquis.

Et il eut l'air satisfait.

La marquise, vengée, sourit.

Georges prit sa place ; on se remit en route.

— Il ment ! dit-elle.

Le marquis répondit en riant :

— Oui et non ! Il a tourné la difficulté. Il a affirmé qu'on ne lui avait point parlé de l'affaire ; il n'a pas dit qu'il l'ignorait. Il est très adroit.

— Ce garçon là méritait d'être gentilhomme ! fit la marquise.

Et, s'enfonçant dans un coin comme pour dormir, elle ferma les yeux.

Le sommeil vint-il ?

Nous l'ignorons.

Au déjeuner, rien d'extraordinaire.

La marquise fut charmante avec tout le monde, froide avec Georges ; ce qui frappa son mari.

En route, elle fut maussade.

— Vous souffrez ? dit le marquis.

— Un peu ! fit-elle.

Mais, revenant sur ce mensonge, elle dit :

— Je vous trompe.

— Vous vous portez à merveille, je m'en doutais.

— J'en conviens.

— Vous êtes un peu nerveuse, voilà tout.

— Oui, la curiosité.

— Quelque chose vous intrigue ?

— Un enfantillage.

— Tout est enfantillage chez les femmes.

— Et tout est sérieux pour elles.

— Puis-je vous aider ?

— Je l'espère.

— Alors, parlez, chère belle.

La marquise fit un préambule.

— Ne trouvez vous pas, dit-elle, que, de toutes les énigmes, celles du cœur humain sont les plus irritantes ?

— A ce sujet, je pense comme vous.

— Eh bien ! mon ami, je cherche la solution d'un problème indéchiffrable ; le Sphinx, vous le connaissez.

— Nommez le.

— Georges !

Le marquis fit un léger mouvement.

— Qu'avez-vous ? demanda-t-elle avec une certaine appréhension.

— Un cahot ! dit-il.

Elle observa sérieusement son mari ; mais elle ne saisit rien d'extraordinaire en lui.

— Donc, Georges est passé à l'état de Sphinx pour vous ? dit le marquis négligemment.

— Oui, mon ami.

— Le motif ?

— Je me demande pourquoi ce garçon, hier, a eu cette étrange retenue de ne pas profiter de la permission que vous lui avez donnée ; il a dédaigné cette actrice.

— C'est là tout ce qui vous embarrasse ?

— Pas autre chose.
— Je vous croyais plus de pénétration.
— Vous vous faites fort de deviner ?
— C'est si simple.
— J'y songe depuis ce matin, moi, sans réussir.

Le marquis eut encore un tressaillement.

— Mais, mon ami, vous frissonnez.
— C'est la digestion, chère enfant.
— Vous sentez-vous mal ?
— Point du tout.
— Donnez-moi mon explication, alors.
— En deux mots : une nuit trop occupée fatigue, et Georges, se battant le lendemain, a voulu dormir.
— Suis-je sotte ! s'écria la marquise.

Et elle s'occupa d'autre chose.

On arriva au souper sans incident ; on fut au spectacle ; la marquise s'attendait à à voir son intendant ; mais il ne parut pas : ce dont M. de Nunez s'étonna fort.

Le soir, en rentrant à l'hôtel, la marquise entendit jouer du violon, et s'étonna du merveilleux talent de l'artiste ; en se livrant à Fanny, elle s'enquit du nom du virtuose.

— C'est M. Georges ! dit-elle.

La marquise fit un bond.

— Priez mon mari de passer chez moi ! ordonna-t-elle.

Fanny courut.

Lorsque le marquis entra, elle lui dit :

— Mon ami, vous entendez cet artiste qui nous donne une sérénade ?

— Oui, chère belle.

— C'est un talent hors ligne.

— Et fort original.

— C'est vrai ; il a une méthode particulière.

— N'importe ; il joue admirablement. Mais savez-vous qui est ce rival de Paganini ?

— Ma foi, non.

— Votre intendant !

— J'en tombe de mon haut.

— Et moi j'en suis stupéfaite.

— Fanny, dit le marquis, appelez donc M. Georges.

Georges accourut.

— Monsieur, dit le vieux gentilhomme, madame et moi sommes très étonnés que vous cherchiez une place de garde-chasse quand vous avez entre les mains un moyen de gagner une fortune.

Georges sembla si naturellement ébahi, que le marquis abandonna tout soupçon.

— Que veut donc dire monsieur le marquis ? demanda-t-il surpris.

— Mon mari, fit la jeune femme, vient de vous entendre : vous êtes de première force sur le violon.

— Au régiment, on me l'avait déjà dit. Mais je ne connais pas la musique ; je joue d'instinct.

— Ah ! par exemple !

— Madame la marquise ne le croit pas ?

— C'est difficile.

— Je dis vrai cependant Etant tout jeune, j'ai possédé un violon ; je me suis amusé à rendre avec mon archet les airs que j'entendais ; sans doute j'avais des dispositions, car je suis arrivé à jouer les morceaux les plus compliqués, après les avoir écoutés une seule fois.

— Et vous n'avez reçu aucune leçon ?

— Non, madame.

— De là, ce jeu singulier qui m'a frappé, dit le marquis ; sa façon d'attaquer la corde a quelque chose de sauvage.

— Je voudrais vous voir jouer ? demanda la jeune femme avec curiosité ; voulez-vous aller nous chercher votre instrument ?

— Volontiers, madame.

Le marquis était dilettante.

La marquise rafolait de musique.

Fanny fut congédiée quand Georges revint.

— Faites-nous entendre tel air que bon vous semblera, dit la jeune femme en s'étendant sur un fauteuil.

— Oui, à votre fantaisie ; ajouta le marquis.

Georges préluda.

Le violon rendit des sons d'une harmonie étrange qui jetait dans l'âme un vague trouble ; dès le début ces notes timbrées bizarrement, ouvraient aux rêves de vastes espaces, des horizons lointains.

Puis l'instrument vibra sonore sous l'archet, les mélodies se détachèrent rapides, brillantes, pleines, chaudement colorées sur un rhythme qui avait un cachet saisissant d'originalité.

C'était une cadence lente, perdue dans des contours mal définis, mais persistante sous les thèmes qui se succédaient avec cette base cachée, flottante, d'un effet inexprimable.

On eût dit un de ces bruits sourds de la nature, pleins de nuances et de mystérieuses beautés ; c'était quelque chose comme la plainte du vent ou le rugissement de la vague, quand il arrive affaibli d'une rive éloignée.

Ces notes, qui se raccordaient par une chaîne invisible, berçaient l'âme délicieusement, pendant que l'esprit se laissait aller aux entraînements des motifs.

Ceux-ci tantôt doux et suaves, vraies caresses d'amour pleines de murmures, de baisers et d'aspirations tendres, tantôt impétueux et violents, débordant de sève et de fougue, étaient empreints d'une couleur pittoresque et pénétrés d'un parfum oriental qui appelaient l'imagination dans les paysages enchantés, au milieu des féeries de la nature tropicale, rutilante des plendeurs, éblouissante de lumière, irrésistible, fascinatrice.

Le marquis, en vrai poète, avait fermé les yeux et s'égarait dans les perspectives infinies qui se déroulaient devant lui ; le monde vrai n'existait plus pour lui.

La musique exerce une puissance d'attraction telle sur les organisations riches qu'elles ne peuvent secouer le charme quand elles l'ont une fois subi.

La jeune femme, enivrée, tressaillait à

chaque coup d'archet et se livrait tout entière, sans réserve, au magique pouvoir de la poésie dans le son; elle écoutait haletante, frémissante, éperdue; dès l'abord dominée, elle s'abandonnait ravie à l'extase qui l'avait envahie.

Elle était subjuguée.

Georges finit brusquement.

Il sembla tout à coup à la jeune femme qu'une vive lumière s'éteignait; qu'un monde fait de chimères adorables, s'évanouissait, que la nuit tombait froide et glacée sur elle; son âme se sentait, avec mille regrets, plongée au milieu des ténèbres.

La secousse fut brusque.

Elle regarda Georges et son mari avec l'étonnement de qui sort d'un songe et dit :

— J'étais dans l'azur.

— Nous revoilà sur terre, chère belle, fit le marquis.

— Cette musique est divine, monsieur; dit la jeune femme, jamais je n'ai rien entendu de pareil. De qui est-elle?

— De personne, madame.

— De personne!

— Mon Dieu, oui.

— Mais elle a un auteur, impossible autrement.

— Un traducteur si vous voulez.

La marquise cherchait un sens à ce non-sens.

— Madame, dit Georges, voici comment le mot de traducteur me paraît plus juste que tout autre.

« Pendant mes stations au désert, je m'enfonçais dans les sables, j'écoutais les voix qui parlaient mystérieusement à travers les sables sans fin ; une indicible émotion s'emparait de moi ; l'archet frémissait malgré moi sous ma main et le violon chantait tout seul à l'unisson de ces grands bruits du Sahara.

« Puis les caravanes passaient ; l'oasis s'éveillait aux souffles du soir ; les femmes des Ksours allaient et venaient voilées à travers les palmiers ; les cavaliers faisaient voler des nuages de poussière sous le galop effréné des chevaux ; je ne sais comment j'éprouvais une irrésistible envie de peindre ces images par des sons ; mes doigts couraient convulsivement et il me semblait que je traduisais la nature, le désert, par la musique, à l'aide d'un génie invisible qui me soufflait mes chants. »

On ne résiste pas à certains enthousiasmes.

La marquise se leva, fit quelques pas

vers Georges et lui dit d'une voix stridente :

— Savez-vous ce que vous êtes ?

Il ne répondit pas.

— Un grand poète ! s'écria t-elle.

Le marquis non moins engoué confirma ce jugement.

— Mon cher, dit-il, je vais perdre un intendant ; mais les arts vont compter un génie de plus.

— Oui ! continua la marquise ; nous vous devons aide et protection ; il faut prendre des leçons de musique.

— Fi, la profane ! s'écria M. de Nunez. Un professeur tuerait ses inspirations.

— Que faire, mon ami ?

— Appeler un compositeur, lui dire d'écouter et de noter, avec défense absolue de changer le moindre point d'orgue. De la sorte nous obtiendrons des chefs-d'œuvre.

— Dès ce soir, vous cessez d'être notre intendant, mon cher ami ; vous devenez notre commensal.

Et le marquis tendit la main à Georges.

Celui-ci serra cette main avec une certaine froideur ce dont M. de Nunez s'aperçut.

— Mon projet ne semble pas vous sourire.

— Je le confesse, dit Georges.
— En quoi vous déplaît-il?
— En tout.
— Diantre! diantre!

Si femme fut jamais intriguée, ce fut la marquise; le refus de Georges bouleversait ses idées.

— Asseyez vous, dit-elle avec une familiarité qu'on ne lui avait jamais vue.

Elle poussa un siège elle-même.

— Là, maintenant expliquez-vous.

Georges, nullement embarrassé, s'adressa particulièrement à la jeune femme.

— Madame, lui dit-il, j'ai des goûts qui m'empêcheront toujours de chercher la gloire.

— Vous êtes modeste.

— Non, madame. Mais j'ai un culte pour la poésie, pour l'art, pour le beau.

— Raison de plus pour conquérir la renommée.

— Pas selon moi.

Le marquis avança la tête; il se doutait bien qu'il allait entendre émettre une thèse originale.

— Je crois, madame, que tout à l'heure vous serez de mon avis; je cherche l'idéal.

— Soit, mais...

— Je vous avoue que parfois, il me semble l'avoir trouvé; ainsi le morceau que j'ai joué me satisfait complètement, absolument.

— Il est parfait!

— C'est mon opinion.

— Faites-le éditer.

— Jamais!

Le regard de Georges prit une expression singulière en disant ce mot fatal.

— Jamais! répéta-t-il.

« Je ne veux pas livrer ce beau dont je suis épris, cet idéal que j'ai atteint, à la foule banale; ce serait une profanation; un gros boursier écoutant ma musique me ferait l'effet d'un rustre violant une duchesse. »

Le mot lâché, Georges s'arrêta court.

— Allez! fit la marquise, nous ne sommes pas des bourgeois; je vous admire, vous approuve et vous comprends. Il y a prostitution à jeter des chefs-d'œuvre en pâture aux ineptes; les Latins sentaient tout cela, eux!

— Ne jetez pas de perles aux pourceaux! dit le marquis.

— Restent pourtant les intelligences d'élite que vous privez cruellement de jouissanses exquises, dit la marquise.

— Je ne suis pas charitable.

Et avec explosion :

— Je suis jaloux !

Madame de Numez jeta sur Georges un regard profond.

— Oui, jaloux, répéta-t-il. Je consens à jouer mes œuvres à quelques-uns, à des intelligences sœurs de la mienne ; mais je ne sais pourquoi, je refuserais à d'autres de leur livrer mon âme en leur donnant mes chants.

— Soit ! Tout cela est pour le mieux, mon cher ami, dit le marquis, je vous approuve de tout cœur. Mais reste un point obscur dont je veux m'expliquer franchement avec vous.

— Je dirai tout ce que je puis dire.

— D'abord, pouvant être autre chose que garde-chasse, pourquoi êtes-vous entré à notre service ?

— Shakespeare a été valet et Shakespeare n'en était pas moins Shakespeare !

— Il quitta l'étrille quand il put, fit le marquis.

Georges se mit à rire.

— Je vais tout ou à peu près tout vous dire ! fit-il, je vois que je chercherais en vain à me taire.

Ses deux interlocuteurs l'écoutèrent curieusement.

— En mon âme et conscience je suis innocent, je vous le jure, dit-il; vous me croirez du reste. Je n'ai pas l'air d'un criminel et j'ai agi je crois, en homme de cœur.

— Qu'avez-vous fait?

— J'ai tué mon oncle...

Il se fit un silence pendant lequel trois regards se croisèrent comme trois flammes.

— C'est grave! fit le marquis.

— C'est horrible ou magnifique! dit la jeune femme.

Le marquis, revenu du premier choc, dit:

— Allons, plaidez, accusé.

— Oui, défendez-vous.

Georges sentit sa cause à demi gagnée.

— Je suis orphelin, dit-il; j'ai une sœur; mon oncle, pendant que j'étais au service, l'a déshonorée.

— Vous êtes revenu, vous l'avez su, vous l'avez tué, vous avez eu raison, je vous absous.

C'était la marquise qui prononçait la sentence.

— Mais, chère belle, dit le marquis, vous rendez trop vite votre verdict; j'aurais fait des réserves.

— La cause est entendue, dit la marquise. Se substituer à une loi qui ne sévit pas assez sévèrement, écouter une colère que je trouve sacrée, moi, c'est montrer un grand caractère.

— Mais, les suites...

C'était le marquis qui parlait.

— Les suites, je les évite en passant en Afrique. Je suppose que l'on surveille les embarquements à Marseille; mais j'ai teint mes cheveux: je suis votre intendant; je compte passer librement. Puis, là-bas, je reprendrai le métier de chasseur que j'exerçais depuis deux ans, quand ma sœur m'a écrit pour réclamer vengeance.

— Vous nous quitterez? fit la marquise

— Il le faudra bien.

— Ce n'est pas nécessaire.

Le marquis acquiesça :

— Restez-nous donc, dit-il, restez-nous tant que durera notre voyage du moins ; je vous demande le sacrifice de votre liberté pour quelques mois; je vous avoue que je vous apprécie fort comme guide, que je vous admire comme artiste et vous aime comme caractère.

— On renverrait les domestiques à Marseille, ajouta la marquise; personne ne vous aurait vu notre intendant, et vous deviendriez notre ami ; ceci vous déplaît-il trop?

Georges hésitait.

— Madame, dit-il, je suis touché de votre offre; mais vous avez peu réfléchi avant de la faire.

— A quoi bon réfléchir?

— Vous êtes bien haut. Je suis bien bas.

— Un artiste.

— Un pauvre diable de chasseur.

— Un poète!

Le marquis fit cesser le débat.

— Acceptez, dit-il. De mon côté, je trouve que la noblesse déroge moins en accueillant un grand écrivain ou un compositeur de génie qu'en se compromettant à recevoir dans ses salons un grand financier, autrement dit un grand coquin.

— Et moi je vois qu'autrefois Cellini, Michel-Ange, le Tasse, vivaient dans l'intimité des princes, ajouta la marquise qui lui donna sa main à baiser.

Faveur insigne!

C'était son congé, il se retira.

Un instant après la marquise sonnait Fanny qui accourait.

— Ma fille, dit la jeune femme, tu vas

aller prendre les ordres de M. Georges pour demain.

— Oui, madame, dit Fanny.

— Et tu seras coquette avec lui ; tu m'entends...

— Oui, madame ; mais hier il m'a mal accueillie, et j'ai peur de perdre mon temps.

— Hier, il avait un duel sur les bras ; ce soir il sera peut-être plus aimable avec toi.

— Madame a raison, c'était le secret dont il me parlait.

— Va, dit brusquement la marquise, et reviens.

Fanny sortit pleine d'espoir.

La marquise s'enfonça dans son fauteuil et songea.

XVII

Où Fanny dit et commet une énormité.

La comtesse, seule, rêvait encore une heure après.

Elle attendait.

Un coup d'ongle à la porte la tira de ses songeries.

Elle alla ouvrir.

— Fanny! fit-elle.
— Oui, madame.
— Déjà!
— Il est deux heures du matin.
— J'ai sommeillé, je n'ai pas senti le temps couler.
— Moi, madame, je tombe de sommeil.
— As-tu réussi?
— Oui, madame.
— Quoi! il a consenti?
— Oh! non, madame, je ne parle pas de ça. J'ai renoncé à toute espérance et je savais bien que toute tentative é ait inutile.
— Mais, sotte, je t'avais expliqué pour-

tant que son duel seul l'avait forcé à cette réserve.

— Hélas, madame, vous vous trompiez.
— Tu t'en es assurée?
— Oui.
— Comment?
— J'ai frappé pour prendre ses ordres. Il m'a crié d'entrer, m'a encore assise sur ses genoux et m'a dit :
« Ne me fais pas jouer un rôle ridicule, petite; ne reviens plus; je ne t'aime pas.
— Il a dit ça!
« Il a même ajouté :
« Ni toi, ni d'autre. »
— Oh! oh!
— Il est étrange, n'est-ce pas, madame?
— Oui et non.

La marquise plongea sa tête dans ses mains et demeura plus de cinq minutes ainsi.

— Madame! fit enfin Fanny.
— Petite!
— Et la fin? je ne vous ai pas tout dit.
— Tiens, c'est vrai.
— J'ai tâché d'écouter.
— Pour deviner?
— Oui, et j'ai vu...
— Par le trou de la serrure.

— Oui, madame.
— Que faisait-il?
— Il était debout, comme ça.
Fanny prit la pose qu'elle indiquait.
— Il regardait vers la porte, son regard avait l'air farouche ; il tenait sa main crispée sur une chaise et il ne bougeait point.
— Resta-t-il longtemps ainsi?
— Bien longtemps.
— Il n'a rien dit?
— Quelques mots seulement.
— Répète ces mots.
— D'abord cette phrase-ci :
« Les femmes! jamais! Ça ne vaut pas l'art; ça matérialise le bonheur, ça tue l'idéal! Non, jamais! »
— Bon, va-t'en, j'en sais assez.
Fanny savait assez l'habitude de sa maîtresse ; elle ne fit qu'une fausse sortie, attendant une recommandation qui arrivait toujours.
En effet, la marquise rappela la soubrette.
— Petite, dit-elle, tu es discrète, tu es soumise, tu vaux ton pesant d'or, je te ferai un sort.
— Madame est bien bonne.
— Silence!

— Je serai muette, madame.

— Tu prendras tes dix louis dans ma bourse.

— Je ne les ai pas gagnés.

— Prends toujours.

Fanny prit sans trop d'empressement cette somme importante pour elle, pourtant.

La marquise le remarqua.

— Tu es triste, dit-elle.

— Oui, dit Fanny avec un gros soupir. Je comprends bien ce qui va arriver; madame triomphera.

— Que dis-tu?

— Oh! mon Dieu, pardonnez-moi. Le chagrin me rend étourdie, folle, madame ne me chassez pas.

Et Fanny, qui avait en effet commis cette imprudence sous le coup de vives préoccupations, suppliait la marquise dont le sourcil olympien s'était froncé.

— Je veux que tu me dises toute ta pensée! ordonna la jeune femme d'une voix impérieuse.

— Madame, ne vous fâchèz pas.

— Si tu hésites, je te renvoie.

— Madame, je l'aime, je suis jalouse et j'ai eu la bêtise de croire que vous l'aimiez.

La duchesse se croisa les bras, se regarda dans la glace, puis sourit avec un dédain suprême.

— Moi! fit elle.

Il y avait tant de mépris dans ce moi que Fanny s'écria du fond du cœur:

— Ah! madame, je m'étais bien trompée!

Le mot avait l'accent du vrai.

— Je te pardonne, dit la jeune femme.

Fanny se sauva joyeuse.

— Un homme de rien! murmura la marquise. Aimer ça, après avoir juré de rester vierge ou de me donner à qui me vaudra et le prouvera! Pauvre petite Fanny!...

La jeune fille se sauva, heureuse d'en être quitte à si bon compte.

Quant à la marquise, elle murmura longtemps cette phrase écho de son dédain :

— *Un homme de rien! Aimer ça...*

XVIII

Où Georges change de nom.

De Lavery, nous lui restituons son nom, avait une arrière-pensée en taisant sa qualité. Il n'était venu s'offrir à M. de Nunez que pour passer sûrement en Afrique, mais dès qu'il eut vu la marquise il la jugea.

Pour lui, pareille femme était une conquête plus précieuse à faire que celle de n'importe quel trésor ; il aimait ces natures supérieures, orgueilleuses, puissantes.

Évidemment cette marquise de vingt ans, vierge encore, se réservant à un homme digne d'elle ; cette fière amoureuse qui préférait s'abstenir de tremper ses lèvres à la coupe des voluptés que de s'exposer à y boire un vulgaire nectar ; cette âme d'élite et ce corps merveilleux méritaient qu'un homme vigoureusement trempé tentât de les conquérir.

Raoul avait médité son plan avec une sûreté de coup d'œil et une maturité de jugement extrêmes; il avait calculé ses chances, combiné ses attaques, prévu les complications.

Tout gibier se ressemble.

La femme est le gibier de l'homme.

Raoul était grand chasseur !

Homme de tête et d'action à la fois, il était complet, et sa vie aventureuse avait développé en lui de précieuses qualités; il avait une audace de conception extraordinaire; rien ne l'effrayait, rien, puisqu'on le verra, il voulait se tailler dans le monde une royauté sans pareille.

Il avait la prudence.

C'était une vertu acquise.

Il avait la force musculaire, le sang-froid, le coup d'œil, qualités qu'il avait développées patiemment.

Le contact de Nadief lui avait donné la ruse, la dissimulation, la pénétration.

Non qu'il usât ordinairement de ces armes redoutables; elles lui répugnaient; mais quand la nécessité était venue de les employer, il les maniait avec dextérité.

Enfin il connaissait à fond le cœur humain.

Il avait pratiqué les diplomates arabes,

les plus fins du monde entier ; c'était beaucoup.

Il avait été aimé des plus jolies femmes de l'Algérie; c'était plus encore.

Grâce à des relations charmantes, grâce à l'abandon des confidences faites par vingt maîtresses éprises, qui n'avaient point de secrets pour lui, il savait la femme par cœur.

Cette science devait le servir énormément.

Ainsi, quoique cotant la marquise ce qu'elle valait, c'est-à-dire fort haut, il ne s'illusionna pas ; elle était femme supérieure, mais femme, c'est-à-dire sujette à des entraînements, à des faiblesses, à des enfantillages.

Or, Raoul était convaincu qu'il fallait étonner les femmes pour les séduire.

Il jugea sa situation excellente au début.

En effet un trait très naturel de la part d'un gentilhomme frappe dans un valet.

Intriguer la comtesse, faire travailler son imagination, la forcer à s'occuper de lui, tel fut le premier jeu de Raoul ; s'élever à ses yeux, prendre pied, lui faire souhaiter de trouver un homme doué comme lui parmi ses pairs, fut ensuite sa tactique.

Lui dire enfin : je suis Raoul de Lavery ;
je mûris des desseins gigantesques, soyez
à moi ! telle était la troisième partie du
programme ; il voulait ne pas être à elle,
mais elle à lui.

Raoul ne se dissimulait pas qu'il aurait
des échecs à subir avec les prétentions de
cette femme qui se jugeait digne d'un demi-
dieu de l'antiquité et l'était, il y avait beaucoup de mauvaises chances.

Mais Raoul ne prisait point les faciles
triomphes.

Du reste, il sentait bien qu'il engageait
toute sa vie dans cette partie ; cet amour-là
devait grandir et s'imposer à lui inexorable
et fatal.

Il ne s'agissait point de lutter avec l'arrière-pensée de se consoler d'une défaite,
il fallait vaincre à tout prix, car Raoul se
connaissait bien.

Ou la marquise l'aimerait et se livrerait
soumise et tout entière ; ou elle le repous-
serait et il ne pourrait survivre à cette
honte.

A la place de Raoul tout autre aurait cru
la partie gagnée, après la scène de la veille ;
il connaissait la loi des réactions et se tint
au contraire sur ses gardes.

Ce qu'il avait prévu arriva.

L'enthousiasme du marquis s'était un peu refroidi.

Madame de Nunez fut plus que hautaine.

La situation devint difficile.

En pareille circonstance, un incident sauve tout ; Raoul sut le faire naître.

Après y avoir rêvé en route, il trouva au déjeuner une bonne idée ; il imagina d'être malade pour priver le marquis de sa personne, lui laisser tout le poids du voyage et se faire regretter du mari.

Il espérait que la marquise s'apercevrait, elle aussi, de son absence.

Il fit mine d'être menacé d'un accès de fièvre, se plaignit d'un violent mal de tête, et se donna une indisposition factice, si bien que Joseph dut le remplacer avec désavantage.

L'hôtel où Joseph devança les chaises était mal choisi ; les bains se firent attendre ; le dîner fut exécrable ; les garçons ne se montrèrent point empressés.

Le valet de chambre avait confisqué les pourboires à eux destinés ; aussi, la soirée fut-elle maussade.

Au théâtre, on donnait *Robert-le-Diable* !

L'opéra fut hurlé.
La marquise s'enfuit.

M. de Nunez était de méchante humeur ; le vin ayant été de qualité inférieure, la digestion du vieillard était lourde ; il fut s'enfermer dans sa chambre.

Raoul, lui, savait forcer la main aux gens.

Il députait l'hôtelier vers la meilleure cave de la ville, afin de se faire céder n'importe comment, par maître ou valet, quelques bouteilles des grands crus.

Pauvre marquis !

La nuit fut mauvaise.

Quant à la marquise, elle était logée dans une affreuse chambre et son lit n'avait pas de rideaux.

Triste chose !

Joseph avait trouvé les meilleurs appartements occupés et n'avait pas imaginé qu'on pouvait, par divers procédés, faire déménager les premiers occupants.

— Voyez donc à prendre des nouvelles de M. Georges ! dit la marquise à Fanny en rentrant du théâtre. S'il va mieux, je désire le voir ; ne le dérangez pas s'il souffre.

En attendant Raoul, la marquise se mit à sa fenêtre qui donnait sur une cour puante ;

elle fut prise à la gorge par une forte odeur de basse-cour.

Elle se retira indignée.

Elle souhaita que Georges pût continuer le voyage

Il entra.

Son indisposition était passée.

Frais, dispos, il avait la mine souriante, ce qui ravit la jeune femme et la mit en belle humeur.

Mais lui fronça les sourcils.

— Quoi! fit-il on a osé vous donner cette chambre, madame, c'est une indignité!

— Que voulez-vous! Joseph a tout fait de travers; c'est un maladroit; il ne s'entend à rien.

— Heureusement me voici sur pied. Ces lèvres se coupent très facilement avec une goutte de quinine.

Il sonna.

— Vous permettez, madame ?

— Oui, faites.

Fanny vint s'informer.

— Mandez l'hôte! dit Georges.

Le maître de la maison vint.

— Monsieur, lui dit Georges, dans une demi-heure il nous faut une autre chambre; la meilleure de l'hôtel.

— Mais elle est prise.
— Tant pis.
— On ne peut faire relever le voyageur qui l'occupe.
— Vous croyez ?
— Si monsieur a un secret ?
— J'en ai un ; oui.

Et Raoul montra de l'or.

— Oh ! fit l'ôtelier, le voyageur ne se lèvera pas pour quelques louis ; il est riche et il a de la vergogne ; lui offrir même un billet de banque ne le déciderait pas. Votre secret n'est pas bon.

— J'en ai plusieurs, monsieur l'hôte ; on trouvera moyen d'exciter sa convoitise en ménageant sa vanité ; mais dites-moi, quel homme est donc dans cette chambre ?

— Un marchand.
— Marié ?
— Non, monsieur.
— Père de famille ?
— Non, monsieur.
— Diable ! fit Raoul.

Et il reprit :

— Que vient-il faire ici ?
— Vendre des peaux.
— A-t-il fait marché ?
— Pas encore.

Raoul sourit.

— Allez l'éveiller, dit-il, demandez-lui s'il veut traiter une affaire de suite et menez-moi à sa chambre.

L'hôtelier remplit ses instructions.

Deux minutes s'étaient à peine écoulées que Raoul entrait chez le peaussier.

— Vous voulez faire marché ? dit celui-ci d'un air défiant.

Raoul, sans répondre, étala sur la table des billets de banque et s'assit sans y être invité.

— Monsieur, dit-il, je fais sérieusement les choses, vivement et rubis sur l'ongle, à la parisienne.

— Bon ! fit le peaussier, ça me va.

— Vous veniez ici pour vendre, je vous achète ; combien avez-vous de peaux ?

— Une charretée.

— Valant ?

— Quinze cents francs.

— J'en donne mille ?

Le charretier fut étonné.

— Sans voir ? demanda-t-il.

— Sans voir.

— Drôle d'idée !

— Je verrai demain ; du reste en rebattant cinq cents francs, je dois être dans le taux raisonnable.

— Et vous y êtes ! fit le marchand. Mais si demain ça ne vous va pas ?

— Je me dédis ; mais je perds trois louis que je laisse entre les mains de l'hôte. Est-ce décidé ?

— Tope ! fit le marchand.

— Est-ce tout ce que vous avez ?

— Ici, oui ; chez moi j'en ai une autre charretée.

— Voici encore trois louis d'arrhes pour celle-là aux mêmes conditions que l'autre ; mais il faudrait partir de suite.

— Pour chez moi ?

— Sans doute.

— Il y a cinq lieues !

— Tant pis ; si demain à midi, vous n'êtes pas ici, je ne prends pas livraison. Ma maison est pressée.

— Vous achetez pour Paris ?

— Oui. Nous avons une forte commande à jour fixe pour l'exportation.

Le marchand appela l'hôtelier.

Quand il fut là, il dit à Raoul :

— Donnez-lui les six louis, je veux être sûr de votre dédit.

— Les voilà !

— A demain, monsieur !

— A demain !

Et le bonhomme s'en alla.

La marquise, à qui le tour fut conté, trouva que Georges avait dépensé bien peu d'argent et beaucoup d'esprit.

Il eût, du reste, payé fort cher cette chambre que la marquise s'en fût souciée fort peu ; les questions d'intérêts étant sans intérêt pour elle, comme le disait plaisamment Joseph en manière de calembour.

Elle supposa que Georges ne se coucherait point sans venir recueillir les compliments qu'il méritait ; mais il ne parut point et elle s'endormit sans l'avoir vu.

Le lendemain, au départ, à peine lui dit-il deux mots ; il semblait l'éviter.

Au déjeuner, il fut introuvable.

Au dîner, il demanda congé.

Bref, jusqu'à l'arrivée à Marseille, il parut prendre à tâche de ne pas entamer de conversation suivie avec la jeune femme qui, malgré elle, sans trop s'en rendre compte, se dépitait et éprouvait le désir de s'entretenir avec lui.

A Marseille, la partie allait se jouer sérieusement.

XIX

Où le marquis confie la marquise à Raoul pour une promenade en mer.

A Marseille, dès le lendemain de l'arrivée, Joseph et les domestiques, à leur grande surprise, furent renvoyés; Fanny pleura comme une Madeleine.

Mais la marquise ne se préoccupait guère de ces sornettes; malgré toutes sortes de prières, la petite femme de chambre dut se résigner.

Il en résulta qu'à cinq heures du matin, Raoul passa de l'état d'intendant à celui d'ami : il est vrai qu'à cette heure le marquis ronflait et que la marquise rêvait profondément endormie.

Elle trouva à son lit, en s'éveillant, une négresse qui lui fit la plus belle peur du monde avec sa face noire et ses dents blanches.

Cette négresse parlait parfaitement le français.

— Que maîtresse se rassure, dit-elle ; je suis noire, mais soumise et dévouée.

La marquise comprit que Georges, sachant qu'elle désirait être servie par une négresse, lui avait ménagé la surprise de lui en donner une.

— Qui t'a engagée près de moi, ma fille ? demanda la jeune femme ?

— Masson Georges.

— Où t'a-t-il rencontrée ?

— Sur la Cannebière.

— Qu'y faisais-tu ?

— Je débarquais.

— D'où venais-tu ?

— De la Guadeloupe.

— Pourquoi venais-tu en France ?

— Pour servir maîtresse.

— Pour me servir, moi ?

— Oui, maîtresse.

La marquise n'y comprenait rien.

Elle demanda :

— Sais-tu habiller ?

— Oui, maîtresse.

— Vite, aide-moi.

La négresse, qui était du reste jeune et jolie, autant que peut l'être une négresse, montra une dextérité, une adresse, une grâce, une complaisance, dont fut ravie la marquise.

— Comment te nommes-tu ? demanda la jeune femme à sa nouvelle camériste.

— Lisa.

— Eh bien ! Lisa, me voici vêtue ; va demander monsieur Georges, ma fille.

Raoul, mis fort élégamment, n'ayant plus rien de l'intendant, entra avec une désinvolture dont la marquise fut frappée et un peu froissée.

Il le vit bien, il s'y attendait.

— Madame, lui dit-il, je vous ai choquée ; j'ai abdiqué trop brusquement peut-être mon titre d'intendant ; mais si l'habit est changé, l'homme reste le même : le plus humble et le plus dévoué de vos serviteurs.

Ce fut bien dit.

Aussi la jeune femme, revenant vite de son premier mouvement, tendit-elle sa main à baiser à Raoul, qui effleura, du bout des lèvres, les plus jolis doigts du monde.

Il avait eu là un pas difficile à faire ; il venait de brusquer une évolution dangereuse avec hardiesse et bonheur ; il ne resta plus rien de l'intendant d'autrefois dans l'esprit de la jeune femme

— Laissez-moi vous remercier, monsieur Georges, dit-elle ; vous avez été charmant pour nous dans tout le voyage, et je suis désolée du rôle que les circonstances vous ont forcé à garder trop longtemps.

— Vous êtes mille fois trop bonne, madame ; laissez-moi vous demander, à mon tour, si vous êtes contente de votre négresse ?

— J'en suis enchantée. Mais comment cette fille s'imagine-t-elle que je l'attendais ?

Raoul sourit.

— Madame, dit-il, je connais les négresses ; elles sont d'une simplicité enfantine ; elles ne comprennent pas les longues explications.

« J'ai trouvé celle-ci sur la Cannebière, débarquée depuis un quart d'heure et paraissant fort embarrassée de sa personne et de ses bagages.

« Le navire qui l'avait amenée était devant moi, le capitaine sur le pont.

« Je me doutai de ce qui se passait ; je montai sur le bâtiment et pris des informations.

« Cette petite Lisa venait ici avec une jeune veuve, d'une excellente famille, qui, ayant perdu son mari à la Guadeloupe, retournait à Paris dans sa famille.

« Elle emmenait sa négresse Lisa.

« La jeune femme, pendant la traversée, tomba malade d'une pleurésie dont elle mourut ; si bien que Lisa se trouva, à vingt-quatre heures de Marseille, sur un navire, seule, sans ressources, et prête à entrer dans une ville où elle ne connaissait absolument personne.

« Le capitaine se proposait de la consigner aux mains des autorités, ne sachant que faire.

« Il me donna sur cette petite des détails qui me plurent beaucoup ; elle est d'une excellente pâte.

« Elle a soigné sa maîtresse avec un dévouement sans pareil ; elle l'aimait à la folie, comme ces filles-là savent aimer ; elle eut de sa mort un chagrin qui dura au moins deux heures : ce qui, chez les négresses, jatuie d'une mobilité inouïe, est le *nec plus ultra* de la durée d'un regret.

« Les esclaves dressées par une créole sont les plus parfaites domestiques que l'on puisse souhaiter ; je me décidai à emmener celle-ci près de vous. »

— Mais que lui avez-vous dit ?

— Tu t'appelles Lisa, je t'attendais; viens avec moi chez ta maîtresse.

— Et elle est venue ?

— Mon Dieu, oui.

— Sans autre explication ?

— Sans avoir la velléité d'en demander.

— C'est prodigieux. Et sa maîtresse ?

— Elle s'en souvient vaguement ; le passé le plus proche pour le nègre est à l'état de brouillard, — je parle du nègre esclave ; — il ne pense pas et exerce peu sa mémoire.

— C'est inouï. Mais servira-t-elle bien ?

— Je suis sûr qu'elle vous étonnera. Elle doit savoir tout faire ; coiffer, repasser, baigner, habiller, coudre, tout, tout, une femme de chambre parfaite.

— Et sa fidélité ?

— Un chien caniche. Faites-vous-en aimer et craindre à la fois par quelques caresses et quelques punitions, et permettez-moi de vous le dire, elle vous adorera.

— Pourquoi !

— Ces filles-là sont comme des plantes qui se tournent vers le soleil avec passion ; elles ont une attraction irrésistible pour le beau et vont à lui.

— C'est bizarre !

— Du tout. C'est naturel chez les êtres

primitifs. Vous avez une beauté radieuse ; elle s'affolera de vous. Tout à l'heure, avant votre réveil, elle vous contemplait et puis venait me dire avec ravissement, les mains jointes :

« Elle est bien jolie, ma maîtresse ! »

La marquise fit une moue singulière.

— Elle n'aura qu'un défaut, madame, ce sera de vous témoigner son amitié trop vivement : elle commencera un jour par baiser le pan de votre robe ; puis votre main ; puis, si vous ne l'arrêtez pas, elle vous comblera de caresses.

— Mais c'est fort ennuyeux !

— Du tout ; il y a des heures où les lèchements d'un chien fidèle vous font plaisir, alors on lui abandonne le bout de son doigt ; mais s'il lui arrive de vous salir de ses pattes sales ou de vous tourmenter, on lui crie : A bas ! Ainsi ferez-vous avec Lisa. Remarquez que pour un bon regard que vous voudrez lui donner de loin en loin, elle se dévouera corps et âme, épiant les occasions de se jeter au feu pour vous.

— Ceci me décide ! dit la jeune femme

On changea de conversation.

— Nous ne pouvons nous embarquer que

demain, dit la marquise, que ferons-nous de notre journée ?

— Une promenade en mer après le déjeuner si vous voulez bien, dit Georges.

— Ceci me sourit.

— Alors je vais commander une barque.

— A propos, dit la marquise, et mon mari ?

— Il est levé.

— Mais, qui le sert ?

— Un Arabe.

— Presque un nègre, alors ?

— Oui, madame, un mulâtre, ancien brosseur d'un officier, que j'ai déniché sur le pavé en me promenant ce matin; il a eu à Paris, où il avait suivi son commandant promu lieutenant-colonel, la nostalgie de l'Algérie; il a été ravi de devenir brosseur d'un djouad français.

— Djouad ? qu'est-ce que cela ?

— Le mot équivaut à celui de gentilhomme.

— Et le marquis en sera-t-il content ?

— Je le crois, madame.

— Ah ! monsieur Georges, quel homme vous êtes !

Le jeune homme sortit sans relever le compliment.

Au déjeuner, Raoul se présenta avec assurance.

On avait dit commensal...

Le marquis n'était pas homme à revenir sur une parole ; il eut à souffrir un peu d'abord ; il se repentit d'avoir cédé à l'enthousiasme ; mais il s'exécuta gracieusement.

Raoul fut installé en face de la marquise à table.

Il advint, pendant le déjeuner, une chose assez singulière ; M. de Nunez, après avoir observé Raoul, dérida son front soucieux, devint charmant pour le jeune homme et lui parla sur ce ton d'une familiarité subitement venue et entraînant une parfaite égalité dans les rapports.

Raoul interrogea le masque si fin du vieux seigneur, y trouva un sourire qui en voulait trop dire et ne disait rien ; il n'y répondit point.

La marquise parla de la promenade projetée, et son mari prétexta un malaise pour s'en dispenser.

— Monsieur Georges, dit-il, vous accompagnera, chère belle, et je vois que le *gentilhomme* le plus accompli ne s'acquitterait pas mieux que lui du rôle de cavalier servant.

La marquise, un peu étonnée, savait son mari très bon juge en fait de convenances ; elle n'objecta rien.

— A quelle heure dois-je me tenir prête? demanda-t-elle.

— Quand il vous plaira, madame, dit Georges.

— A onze heures, alors ? fit-elle.

— Et l'on se sépara.

XX

Un tête-à-tête entre ciel et mer.

Pour la promenade, la marquise avait fait une délicieuse toilette.

Elle avait mis un de ces chapeaux de paille, fins et souples, dont les larges bords prennent des cambrures harmonieuses sous la main preste de qui veut plaire.

Anne-Marie-Désirée de Nunez, ayant un goût exquis et des doigts de fée, elle était coiffée à ravir ; sa figure patricienne, perdant l'expression hautaine qui lui imprimait un si majestueux caractère, s'était transformée en un pimpant minois malicieux et mutin.

Protée féminin, comme toutes celles qui sont nées pour les puissantes amours, elle avait ces perfections multiples de la beauté, qui fait trouver à l'amant mille femmes en une maîtresse.

Et ce matin-là, sans trop savoir pourquoi, riant devant sa glace de ce caprice, elle s'était faite jeune fille et grisette.

Mais quelle grisette!
L'idéal du genre.

Tout en elle était abandon, grâce piquante, sourire et chansons. Fi de la tenue, de la roideur et des grands airs ; Anne-Marie de Nunez était devenue une Mariette quelconque, se souciant peu de la noblesse.

Ses cheveux, hardiment dénoués et naturellement bouclés, se jouaient sur ses épaules, mêlés aux rubans du chapeau qui flottaient à chaque coup d'aile de la brise, avec des enroulements capricieux.

Sous un frais peignoir, à peine serré sur les hanches, la marche, les gestes ou le vent, accusaient des formes riches en voluptueux contours; et l'étoffe légère, demi-transparente, prêtait à ses seins de vierge le prestige du voile diaphane qui laisse encore quelques secrets à deviner pour l'imagination vagabonde.

Elle était radieuse et marchait légère, charmée du spectacle qui s'offrait à ses yeux.

Le splendide soleil de la Provence semait la lumière et la joie sur la vieille cité phocéenne et sur les quais; les milliers de navires du port jetaient sur la Cannebière des nuées de matelots de toutes nations qui se heurtaient dans le plus pittoresque entremêlement de costumes qu'on pût imaginer, offrant une animation extraordinaire.

Il y avait de la gaieté dans l'air.

Les maisons avec leurs façades multicolores, semblaient sourire à la foule; les cris, les chants, les bruits s'entre-choquaient, tenant l'oreille en éveil : c'était fête pour la vue et l'ouïe.

La marquise, son ombrelle à la main, descendit vers le port, suivant un pêcheur dépêché par Raoul pour la conduire à la barque; le jeune homme avait évité de la sorte une difficulté sérieuse.

Intendant hier, convive le matin, il eût pu offrir son bras à madame de Nunez.

Mais celle-ci n'eût-elle pas fait un retour sur la position de la veille!

Raoul, par ce tact toujours en éveil, se garait du danger des revirements et des chutes.

Aussi la marquise arriva-t-elle aux quais sans que rien eût troublé ses joyeuses dispositions, à part l'ennui de n'avoir pas son guide auprès d'elle. Elle n'avait vu que les ports du Nord; mille objets l'étonnaient. Mais Raoul n'était point là, et Raoul lui manqua ; elle le regretta cent fois avant d'atteindre le canot.

Il était seul à l'arrière, vêtu de ces légers vêtements d'été que les Provençaux affectionnent, coiffé d'un panama immense qui changeait l'air de sa physionomie.

La marquise lui trouva dans le geste, dans le regard, dans la pose, quelque chose de décidé, de mâle, qu'il avait atténué jusqu'alors sous son paletot d'intendant et sous son habit de gentleman.

Ce n'était plus lui.

Le chasseur de lions avait repris ses libres allures ; il était rentré en possession de sa force, dans la plénitude de son indépendance et de ses puissantes facultés.

Anne-Marie de Nunez n'avait vu jusqu'alors que des gandins plus ou moins réussis, des bourgeois plus ou moins ridicules, des domestiques serviles ou des rustres.

Anne-Marie de Nunez voyait un homme.

Anne-Marie fut surprise.

Cela ne dura qu'un instant.

Elle s'était arrêtée hésitante au bord de la barque, flottant entre une velléité d'orgueil et un moment d'étonnement ; la marquise se révoltait en elle-même de la façon dégagée dont Raoul lui présentait la main ;

la femme sentait en face d'elle un type hardi et énergique; il y eut lutte, puis trêve.

Elle appuya sa main sur cette main nerveuse qu'on lui tendait, sauta dans le canot et s'assit.

Aussitôt elle éprouva une commotion assez brusque; la barque filait vers la sortie.

Raoul saisit les rames et poussa vers la passe qu'il atteignit rapidement; le patron de la barque, au lieu de s'asseoir au gouvernail, était resté sur le quai; madame de Nunez s'imaginait qu'il était à bord.

Avec son habitude de ne pas se soucier des détails, elle n'avait pas retourné la tête depuis qu'elle était assise; les grosses carènes près desquelles on passait attiraient toute son attention.

Lorsque le canot, doublant l'entrée, fut en mer, l'amphithéâtre, au pied duquel la ville est bâtie, se développa dans toute sa splendeur, avec sa ceinture d'îles émergeant des flots, ses falaises aux tons chauds, ses collines blanches et vertes et la nappe azurée des eaux.

Quand l'âme est frappée par un grand spectacle, elle cherche une autre âme sympathique partageant son admiration, la marquise regarda Raoul.

Celui-ci sourit avec un certain dédain.

— Ceci n'est rien, dit-il, répondant à la muette interrogation, de la jeune femme.

— C'est un site magnifique, pourtant! s'écria-t-elle, voyez donc!

— Les rades de Mers-el-Kebir, d'Alger et d'Arzew sont supérieures à cela ; pourtant, du château d'If, le panorama est assez pittoresque ; les teintes trop chaudes s'effacent et l'harmonie se fait.

— Où est le château d'If?

— Là bas!

— La marquise se retourna pour voir.

— Quoi! fit-elle tout à coup, le matelot n'est pas avec nous?

— Je l'ai renvoyé.

— Mais vous savez donc manœuvrer une barque?

— Tout aussi bien et mieux peut-être que les meilleurs marins du port.

— Nous voilà seuls ensemble! fit-elle avec une intonation qui prêtait à plusieurs interprétations et répondait à des sentiments contradictoires mais confus.

Raoul ne prit pas garde à cette exclamation ; il quitta les rames, se leva, largua la voile, s'orienta, assura l'écoute, prit la barre et invita la marquise à se retourner pour lui faire face; ceci avait presque l'air d'une injonction.

Il fixa les cordes du gouvernail pour être libre, tira un cigare de son étui, l'alluma, et, accoudé nonchalamment au bord du canot, se mit à rêver.

Ceci dépassait la mesure du sans-gêne.

La marquise se pinça les lèvres.

Mais que dire?

Le canot filait sous une petite brise qui ridait la mer faiblement, assez cependant pour que le roulis fût agréable comme le bercement d'un hamac doucement agité par une main légère.

Une tempête s'élevait dans le cœur de la jeune femme, ses sourcils se froncèrent; une occasion, un mot, un rien pouvait donner lieu à une explosion.

Raoul se garda bien de la provoquer.

Il simulait une rêverie profonde.

Peu à peu la ville sembla s'enfoncer sous l'eau et disparaître dans le lointain; les îles seules surgissaient encore dans tout leur relief; mais on se sentait isolé, malgré leur voisinage; on était en pleine mer et en pleine nature.

La marquise restait rebelle aux impressions de cette promenade; au lieu de s'abandonner à ces paresseuses contemplations auxquelles vous sollicitent les oscillations et le chant monotone d'un flot, elle s'inquiétait, se crispait, s'impatientait, et, après une heure d'attente, lasse du silence, elle se disposait à le rompre par quelque réflexion amère, quand Raoul lui dit brusquement :

— Tenez, c'est ici que j'ai tué un homme pour la première fois; ici, ou bien près d'ici.

L'effet fut brusque et sûr.

— Mais, monsieur, vous avez donc versé le sang humain souvent? s'écria la marquise oubliant sa colère.

— Très souvent ! dit Georges.

Et avec une conviction froide :

— Je crois avoir abattu de ma main trois ou quatre cents hommes !

« En Afrique on m'appelle le *Coupeur de têtes*.

La marquise fit un geste d'horreur.

— Napoléon, avant lui César; avant César, Alexandre; avant Alexandre, Séostris, faisaient massacrer en une journée cent mille soldats, madame; ce sont ces géants du meurtre dont les hommes s'affolent et les femmes aussi.

« Moi, je n'agis encore que sur un petit champ d'action ; mais patience! »

La marquise ne savait que dire ; ces confidences la bouleversaient et l'effrayaient.

Raoul, tranquille, se remit à caresser ses rêves.

Elle ne le laissa point songer longtemps.

— Mais, monsieur, lui dit-elle, quel métier avez-vous donc fait en Afrique ?

— Chasseur ! Je vous l'ai dit.

Raoul était laconique ; plus de formules banales de politesse plus de compliments voilés.

— Mais les chasseurs chassent le gibier et point l'homme, je suppose ?

— Erreur, madame.

Et, rallumant un cigare :

— En Afrique, hors le territoire français, chacun chasse et se trouve chassé ; les gros mangent les petits parmi les animaux ; parmi les hommes, les forts pillent et tuent les faibles.

— C'est du brigandage !

— Vous l'avez dit, madame.

Et, sur un mouvement de mépris :

— Là bas, point de loi, la frontière française franchie; nulle protection à l'honnête homme. Nous autres chassseurs, amis des petits, des vaincus, nous protégeons et vengeons tous ceux qui ont souffert, parce que tel est notre intérêt, et que, du reste, nos sentiments nous poussent dans cet ordre d'idées. Mais nous n'en tuons que plus souvent et plus promptement bon nombre de bandits organisés en troupes ou constitués en tribus. Nous avons eu, l'année dernière, de fort jolies rencontres et, comme nous avions pour nous la morale, le bon droit et autres sornettes de ce genre, l'empereur du Maroc m'a fait tenir par un coureur extraordinaire un sabre d'honneur et dix femmes.

— Dix femmes...

— Que j'ai données à des amis.

La marquise ne releva le mot que par un mouvement de tête effarée.

Il continua avec fiegme :

— Le gouverneur général de l'Algérie m'a fait décorer, et le bey de Tunis m'a envoyé le Nicham.

— Qu'aviez-vous donc fait?

— A douze, nous nous étions emparés d'un village Beni-Snassenn, situé au cœur d'une peuplade de trente mille guerriers;

nous avions brûlé et massacré toute la population mâle de ces douars, délivré cinq prisonniers de nos amis et la fille d'un agha au service de la France, enlevé un marabout fameux et traversé au grand jour ces montagnes célèbres, entourés de plus de quinze mille ennemis qui n'osaient point broncher.

— Pourquoi?

— Je tenais mon pistolet sur la nuque du marabout, jurant qu'il aurait la vie sauve si l'on nous laissait passer; qu'il mourrait si on nous adressait la moindre insulte.

— Et ce marabout?

— Il est prisonnier aux îles Sainte-Marguerite, près d'ici. Il eût mérité cent fois la fusillade; mais les autorités françaises ont respecté ma parole. Une colonne entière n'avait pu obtenir la délivrance des captifs, et le fait produisit une grande impression, surtout pour un détail.

— Lequel?

— Nous avions coupé deux cent vingt-sept têtes, que nous rapportions à Nemours dans des couffins.

— Quelle horreur!

Raoul toisa la marquise.

— Je me garderai, dit il, de rien vous

raconter à l'avenir; je vous croyais toute autre.

— Mais c'est de la férocité.

— Quoi de plus naturel? La férocité est le fond de la nature humaine comme l'amour : on aime et l'on caresse : on hait et l'on frappe. Voilà la grande loi qui preside à à tout.

— Je proteste.

— Contre l'évidence?

— Mais, monsieur...

— Mais, madame, le lion, comme l'agneau devenu bélier, est tendre pour sa famille et sa progéniture, cruel pour sa proie et ses rivaux.

— L'homme n'est ni un lion, ni un bélier.

— N'importe! Partout où il n'a pas été abâtardi, il a eu le culte de la vengeance.

« Tenez, en Corse, en Hongrie, dans l'Espagne et dans l'Italie montagnarde, la *vendetta* est la loi des populations vigoureuses et énergiques; on y plonge avec délices son couteau au ventre d'un ennemi.

« Les races affaiblies de l'Europe, qui ne savent plus que commercer et s'abrutir dans les jouissances matérielles, n'ont plus de force pour exécrer, mais aussi ont-elles désappris à aimer; elles se prétendent civilisées ! »

— Ne le sont-elles pas ?

— Sans doute; mais ce n'est pas parce que le sang ne coule plus entre adversaires; la civilisation n'est pour rien dans ce fait; c'est une conséquence de l'affadissement des caractères. La civilisation exista splendide et brillante chez les Romains et chez les Grecs, qui furent des massacreurs. Et la France elle-même fut parfois ivre de sang aux époques les plus brillantes de son histoire. Je n'en veux que 93 pour preuve.

— Une époque atroce !

— Une heure magnifique dans la vie des peuples. C'est à cette heure-là que la France fut grande, héroïque, écrasant sous sa main géante et broyant à la fois les nations et les rois; mais dressant l'échafaud sur ses places et les inondant du sang des nobles, revanche ardente, sans pitié, effroyable, d'une séculaire oppression.

La marquise écoutait, dominée, cette apologie de la Terreur; Georges, debout, l'œil plein de sombres éclairs, continua d'une voix vibrante :

— Voyez l'antiquité !

« Quelles leçons ! »

« *Vœ victis*, « malheur aux vaincus »; voilà la devise de tous les grands hommes et de tous les grands peuples. Rome marche dans le sang à la conquête du monde; César arrive au pouvoir après les hécatombes de Phanesle et les prescriptions du triumvirat.

« Votre César, pourtant, madame ! »
— Comment ! que dites-vous ?
— Une vérité, parbleu.

Il y eut un long silence.

— Tenez, reprit Raoul, je vous ai comprise, moi; je vous sais par cœur; vous n'êtes pas la marquise de Nunez; vous êtes, par le rêve, dans le passé et dans l'avenir.

« Vous vivez de souvenirs et de désirs. »

Marie était fascinée; elle se sentait devinée et ne protestait pas.

— Oui, reprit Raoul, vous êtes une de ces femmes sublimes d'autrefois qui voulaient le monde à leurs pieds et dominaient la terre en dominant un homme; vous cherchiez l'homme, celui qui doit vous donner un empire; vous désespérez de le trouver.

Raoul s'arrêta.
— Est-ce vrai ? fit-il.
— Oui, répondit-elle.

— Comme vous êtes digne de cet homme que, sans moi, vous ne rencontrerez jamais, je vais vous dire où il se trouve.

— Écoutez bien.

Ici madame de Nuñez parut vouloir ressaisir la possession d'elle-même, car elle sentait que Raoul la tenait sous une sorte de pression magnétique; mais il comprima d'un mot cette tentative.

— Écoutez donc, dit-il. Plus tard, vous me remercierez d'avoir foulé aux pieds convenances, préjugés stupides, barrières de respect et niaiseries ridicules.

— Eh bien ! allez, dit-elle; aussi bien je suis curieuse de savoir tout ce que vous oserez !

— Ah ! c'est ainsi ! s'écria-t-il; je me tais. Mais dans votre vieux monde mesquin, usé, impossible aux grands cœurs, vous ne verrez jamais votre rêve même ébauché. Vous mourrez vierge ou prostituée à un pantin.

Rien ne saurait rendre l'énergique dédain avec lequel il dit cela.

Et, virant de bord, il voulut faire voile vers le port; mais, malgré elle, emportée par un élan de curiosité, par l'étrangeté de ce caractère audacieux, par ce je ne sais quoi qui vous pousse aux heures solennelles, elle lui dit :

— Parlez !...

Il n'eut pas un sourire aux lèvres, pas un éclair dans les yeux; rien.

Elle s'attendait à le voir triompher; mais cet appel parut lui être indifférent.

— Vous avez bien fait d'étouffer, dit-il, la voix de cette pécore de marquise, qui parle trop souvent dans votre grande âme; vous revoilà telle que je vous aime et je vais vous donner le conseil qui vous sauvera.

Il s'assit tranquillement.

Elle était troublée.

— L'Europe est finie pour les génies, dit-il; c'est une terre morte aux intelligences dominatrices; la démocratie y triomphe; les rois ne sont plus des rois : ils tremblent devant leurs peuples; ce sont des bergers conduisant des troupeaux de bêtes fauves toujours prêts à dévorer les pasteurs. Je préférerais ma liberté, mes déserts, mes combats au titre de roi constitutionnel : franchement, un artiste, un vrai poète, vaut mieux que ce Louis Philippe, qui se fait gouverner par sa bourgeoisie. Hugo, Lamartine, Rossini, sont plus grands que lui.

La marquise approuva du regard.

— Mais, reprit Raoul, il reste l'Amérique, l'Inde, la Chine, l'Afrique centrale, où l'on peut se tailler des trônes à sa taille.

« Napoléon le sentait bien, quand il se jeta sur l'Egypte; rien de grand n'est possible en Europe : il s'y est brisé.

« Il voulait l'Orient; il y eût réussi sans une fatalité. »

— Et vous me proposez?... demanda la jeune femme, s'attendant à le voir lui offrir son amour.

Mais lui, impassible :

— Je ne propose rien, dit-il; je vous engage à épier les caractères qui pointent à l'horizon; chaque année lui en fournit un ou deux.

« Nous avons eu Raousset de Boulbon, Valker, de Pindray, des flibustiers qui, éclairés et gouvernés par une intelligence supérieure, auraient réussi.

« Remarquez que le génie militaire, l'esprit d'aventure n'entraînent pas, comme conséquence, que les autres facultés soient aussi développées que celles-là; l'homme complet n'existe qu'une fois par siècle, et encore!

« Prenez donc un de ces aventuriers; poussez-le vers un monde qu'il vous donnera; grandissez jusqu'à vous son caractère, galvanisez-le.

« Vous n'aurez pas votre idéal, mais vous aurez quelque chose d'approchant; peut-être, du reste, le hasard vous servira-t-il, et, de même que Cléopâtre commença par Antoine, une moitié de grand homme, et finit par César, un demi-dieu, peut-être un Raousset ne sera-t-il qu'une préface de votre drame d'amour. Voilà le salut pour vous; hors de là l'étiolement. Nous allons en Algérie; je sais vingt chefs de taille à jouer le rôle d'Abd-el-Kader; il ne leur manque que le souffle qui pousse en avant. Ces Arabes sont des êtres admirablement doués, et, malgré le harem, capables du dévouement et de l'adoration aveugle que vous exigeriez; vous n'avez qu'à choisir. »

— Et qu'adviendrait-il ?

— Celui que vous distingueriez lèverait l'étendard de la révolte au Maroc; il réussirait à y régner ou mourrait; mais, une fois maître à Tanger, il pousserait l'Algérie à la rébellion contre la France lorsque celle-ci, — ce qui est prochain, — luttera contre la Russie; il jetterait les chrétiens à la mer, étendrait son empire sur tous les

États barbaresques, et la partie du monde la plus riche serait à vous, madame.

— Et si cet homme venait à se lasser de moi ?

— Vous êtes une Cléopâtre, une Diane de Poitiers, une femme de génie, enfin ; ces grandes amantes n'ont jamais de défaites : je vous garantis la fidélité la plus absolue.

— Pour un Français, vous me parlez de faire tomber une colonie française aux mains d'un musulman.

— De grâce, madame, ne me croyez pas ces petits préjugés de patrie et du pays qui vous a vu naître. Je suis au-dessus de cela et de bien d'autres choses...

La marquise ne savait quelle mesure donner à l'homme qui lui parlait si étrangement ; elle le mettait par la pensée, et se demandait à quelles hauteurs ce caractère était monté, à quelles profondeurs il était descendu. Pendant qu'elle y songeait, il avait repris son attitude abandonnée, et l'on eût dit que rien ne s'était passé.

La marquise, elle, sentait que cette conversation n'avait pas eu son dénouement ; elle voulut à tout prix savoir le fond de la pensée de cet homme, qui commettait l'impardonnable oubli de ne pas lui demander à genoux d'être l'élu de son cœur.

Elle hésita longtemps.

Ils n'étaient plus qu'à une heure du port, vers lequel ils cinglaient, quand la marquise demanda brusquement:

— Savez-vous ce que c'est qu'aimer, vous, monsieur Georges?

— Non! dit-il.

— Vous n'avez jamais eu de véritables passions?

— Jamais.

— Pensez-vous qu'un jour vous aurez au cœur quelque amour profond?

— Je n'en sais rien, mais je ne le souhaite pas.

— Pourquoi?

— Parce que les entreprises gigantesques que je ne tarderai pas à commencer auraient un autre but que celui auquel je vise.

— Et ce but?

— La satisfaction de mon immense orgueil.

Cette phrase tomba solennelle et glaciale; madame de Nunez ne l'attendait guère.

— Est-ce que vous me blâmez? fit-il.

— Non, dit-elle. Mais puisque vous faites estime de moi assez pour me comparer à une Diane de Poitiers, dites-moi vos projets.

— Volontiers.

Il fixa la marquise, la prit sous son regard, lui imposa la foi de ses paroles par cette projection magnétique de la volonté qui étouffe le doute et force la conviction ; il se recueillit un instant, puis il dit :

— Je veux former, avec douze de mes compagnons, — douze têtes et douze cœurs qui sont à moi ; — je veux former, dis-je, un corps de quelques milliers d'hommes environ pour conquérir un royaume nègre dans le Soudan ; rien de plus facile pour moi, qui prépare depuis longtemps mes moyens d'action. J'arriverai, avec ma petite armée comme noyau, à étendre mon empire sur autant de pays que je le voudrai dans l'Afrique centrale. Je serai au cœur du pays de l'or et des dents d'éléphants ; je réaliserai, en peu de temps, des sommes fabuleuses par un commerce intelligent, employant des milliers de bras dont je régulariserai l'action.

« En même temps, je dresserai et j'armerai à l'européenne une formidable armée (remarquez que le nègre est un soldat admirable quand il est guidé) ; avec mon or, j'aurai une flotte ; sur cette flotte, je ferai monter un torrent d'hommes que je lâcherai sur les Indes, où je broierai les Anglais, me substituant à eux. L'Orient, le véritable Orient, sera mon domaine, ma chose : j'aurai Lahore, Calcutta, Dellys, la vallée de Cachemire, deux cents millions de sujets et une émigration incessante de nègres recrutés sans cesse au milieu de mes anciennes possessions, où deux des miens régneront ; ce flot intarissable assurera mon pouvoir jusqu'à ma mort, après quoi je me soucie de ce qui adviendra comme de ceci.

« Moi, rien que moi, et c'est assez.

« Et si vous me connaissiez, si vous saviez ce que j'ai fait, vous ne douteriez point du succès, plus facile à réaliser qu'un coup d'État en Europe ou la conquête d'une province pour un général français muni d'une bonne armée.

« Du reste, on vous parlera de moi en Algérie où ma réputation n'est qu'à son aube. »

— Je vous crois, dit la marquise avec conviction.

Et, avec autorité, à son tour :

— Vous êtes noble, n'est-ce pas ? demanda-t-elle.

— Oui, dit-il; mais que vous importe? Manant, m'en estimeriez-vous moins?

— C'est une de mes faiblesses.

— Préjugé de femme! Je suis le comte de Lavery.

— Votre sang vaut le mien, fit elle.

Il y avait une provocation peut-être dans cette réflexion; Raoul n'y répondit pas.

La marquise voulait-elle quelque aveu?

Elle demanda finement:

— Une chose m'inquiète. Vous vous souciez peu des femmes, et pourtant...

Elle s'arrêta.

— Achevez, dit Raoul.

— Pourtant, vous avez blessé ou tué quelqu'un pour moi, dit-elle en souriant.

Cette fois l'attaque était directe.

XXI

Où le marquis se croit ce qu'il n'était pas...

En posant cette question brusquement, la marquise avait un but qui n'échappa pas à Raoul.

Elle s'était d'abord laissé dominer, malgré elle ; toute femme a le sentiment de la résistance qui peut sommeiller un instant, mais qui ne s'éteint jamais complètement.

La curiosité, l'enthousiasme, la passion, la peur peuvent comprimer cet instinct ; on le croirait annihilé.

Tout à coup la maîtresse la plus soumise se révolte et vous échappe, rentrant en possession d'elle-même ; on n'est jamais sûr d'avoir établi sur la femme un empire absolu.

C'est pourquoi l'amour est plein d'imprévu, de revirements, de luttes, lorsque c'est l'homme qui règne ; esclave, au contraire, courbé devant la femme, il subit son joug avec une résignation que rien ne lasse, sauf le désir inassouvi.

Mais alors le tyran en jupons soulève lui-même des tempêtes par certains refus, certains caprices, contre lesquels proteste l'homme affamé de plaisir.

Et, en ce cas encore, l'amour est une longue querelle.

Obéissant à cette tendance qui pousse les femmes à s'emparer de notre esprit et de notre cœur, madame de Nunez semblait dire à Raoul :

— Vous qui semblez ne pas vouloir de maîtresse, qui cherchez à conserver votre liberté, vous jouez la comédie ; vous m'aimez ; vous avez tout fait pour me plaire ; vous êtes petit, mesquin comme les autres hommes. Maintenant je connais votre jeu ; je ne me livrerai pas à vous.

Et son œil étincelait de malice.

Elle était ravie, cette femme, qui cherchait un homme fort, de trouver un homme faible.

Inconséquence féminime !

Raoul, qui avait une pénétration extrême due à sa longue pratique des rouerires de la femme, était prêt depuis longtemps à la réponse ; il sourit avec un calme qui arrêta sur la figure de la jeune femme la triomphante expression de dédain qui s'y répandait déjà.

— Madame, dit Raoul, je suis gentilhomme ; mieux que cela, je suis vraiment noble, je vous jure, par la tête et par le cœur ; et, de ma vie, je ne commettrai une lâcheté. Or, je regarde comme une lâcheté de laisser sans vengeance l'insulte faite à une de ces femmes rares que je considère comme des intelligences sœurs de la mienne, et pour lesquelles j'ai respect et sympathie.

Il ajouta :

— Je me croirais même obligé de défendre, en dehors de ma haine personnelle pour les caractères vils, de défendre, dis-je, toute femme en valant la peine soit comme instrument de plaisir, soit par suite de l'intérêt qu'inspire un être sans protection.

Prévoyant encore une objection, il reprit :

— Quoique désireux d'échapper au partage de ma royauté future, quoique jaloux de m'enivrer seul de ma toute-puissance pour une femme de votre valeur, je ferais tout, néanmoins à la condition de ne pas m'éloigner de mon but ici ; au désir d'obliger quelqu'un qui vous égale et que l'on estime, se joint une tendre amitié, lorsque ce quelqu'un est vous et lorsqu'il exerce le prestige tout-puissant d'être l'idéal de la beauté féminime.

— Ah ! fit la marquise.

— Je ne crains pas d'ajouter, madame, dit hardiment Raoul, que j'ai pour vous ce culte d'un artiste pour une statue antique; aussi ne vous étonnez pas si je vous offre d'être votre guide à travers l'Algérie que personne ne vous montrerait comme moi sous ses aspects multiples ; j'ai devant moi toute une saison de loisirs et je vous la consacrerai avec bonheur, avec reconnaissance ; car la contemplation d'un chef-d'œuvre de l'art ou de la nature est une des plus pures jouissances qu'un esprit délicat puisse goûter.

La jeune femme, convaincue que Raoul disait vrai, ravie de cette appréciation si haute de sa beauté, honteuse de ses soupçons, et reconnaissant la supériorité du comte, lui tendit la main cordialement.

— Merci ! dit elle simplement.

Et tous deux, cessant cet entretien où ils avaient mesuré leurs forces, se turent jusqu'au port.

La marquise, plusieurs fois, jeta sur

Raoul des regards rapides ; mais il fumait avec l'impassibilité d'un Turc ; on eût dit que rien ne battait dans sa poi'rine.

A l'arrivée, la jeune femme prit la main du comte pour descendre, glissa son bras sous le sien et ils regagnèrent ainsi l'hôtel, lui, sentant parfois la main de la marquise tressaillir.

M. de Nunez reçut le jeune couple avec un sourire de satisfaction extrême.

— Le dîner est servi, madame, dit-il. Vous devez avoir grand appétit, je suppose.

— Nous mourons de faim ! dit la marquise.

On s'attabla.

Le domestique arabe servait.

— Vous êtes-vous bien amusés ? demanda le vieux gentilhomme, avec un peu d'ironie.

— Oui, beaucoup ! dit la marquise.

— Et vous, cher comte ?

Raoul et la jeune femme, étonnés du mot comte que le marquis venait de prononcer, regardèrent M. de Nunez qui se dandinait sur sa chaise.

— Oui, oui, dit-il ; notre ami ne nous l'avait pas dit ; mais il est le comte de Lavery.

— Oserai-je vous demander comment vous l'avez appris ? demanda Raoul un peu inquiet. Ma sûreté m'oblige à vous faire cette question; vous avez eu ma confidence, et vous comprendrez que je puis être inquiet.

—Cher, vous ne vous préoccuperez point de ceci; j'ai deviné la chose. Votre frappante ressemblance avec votre père, que j'ai beaucoup connu, m'a mis sur la voie. Mes terres avoisinent les vôtres; je vous savais orphelin; je connaissais de vue le sieur Billotte, un gredin; le diable ait son âme! Il ne m'en fallait pas tant pour me faire deviner bien des choses.

— Et depuis quand aviez-vous des soupçons, mon ami? demanda la marquise.

— Depuis le premier jour, je crois.

La marquise regarda son mari avec un certain dépit, rougit un peu et dit :

— Vous auriez dû me prévenir!

— Point, chère belle, point du tout. Raoul m'en aurait voulu, j'en suis certain.

Le jeune homme sourit.

— Je voulais, continua le marquis, lui laisser le plaisir de vous révéler ses secrets lui-même.

— Mais vous venez devant moi de le saluer du titre de comte?

— Oh! je ne doute pas qu'en cinq heures

de promenade il ne vous ait fait l'aveu de sa supercherie. En rentrant, chère belle, vos yeux disaient : je sais tout.

La marquise rougit.

Le vieux gentilhomme fit verser le xérès et leva son verre, le tendant à Raoul pour trinquer.

— Cher enfant, lui dit-il, votre père était mon meilleur ami ; il m'est particulièrement agréable de vous avoir rencontré ; je vous offre l'amitié d'un vieillard qui a pour vous beaucoup d'affection, et je bois à tous les succès que vous pouvez désirer.

Raoul fit raison au marquis.

La marquise rougit de plus belle.

— Eh bien, chère, ne trouvez-vous donc pas que Raoul est un galant homme ? Vous me semblez boudeuse et ne vous associez pas à mes vœux.

Le marquis en supposait long.

Ce vieillard-régence ne pouvait soupçonner la passion byronienne ; il pensait à soutenir gaillardement son rôle ; à fuir le ridicule ; il croyait que...

Mais ils n'en étaient pas encore là.

Il s'en douta à la réponse de la marquise.

— Mon ami, dit-elle, je fais les vœux les plus sincères pour que M. Raonl ne trouve pas la mort dans les gigantesques entreprises qu'il médite.

— Oh ! oh ! fit le marquis. A votre âge, vous songez à autre chose qu'à courtiser la brune et la blonde, mon cher Raoul ! Nous autres, nous n'avions d'ambition qu'à quarante ans.

Et le vieux marquis se fit exposer longuement les plans du comte.

— Bien ! Parfait ! dit-il. Vous avez les larges idées de votre père, mon cher ami. Seulement chez lui tout se passait en théories ; le siècle n'était pas à l'action.

— J'ai eu le malheur de peu connaître le comte, dit Raoul.

— C'était un des plus beaux garçons qu'on pût voir ; les femmes en raffolaient. Un jour, le vieux baron d'Uzès, celui qui ne pouvait avoir d'enfants, lui vint rendre visite, le pria d'accepter une invitation à son château, lui offrit des fêtes splendides qui durèrent quinze jours et autant de nuits ; la baronne était charmante ; votre père se comporta fort bien et fut neuf mois après le parrain d'un garçon qui court le monde avec les titres des d'Uzès sur son blason et les traits de votre père sur sa figure.

— Oh! oh! fit Raoul en riant, vous me révélez l'existence d'un frère que je ne soupçonnais pas.

— Un gai compagnon, mon cher.

— Qu'est-il ?

— Officier aux chasseurs d'Afrique.

— Je le verrai, dit Raoul.

Le dîner fut très gai.

Le marquis était intarrissable.

Marie, rêveuse, ne prit point part à la discussion que Raoul soutint avec beaucoup de verve.

Au dessert, le marquis avertit sa jeune femme qu'il devait une visite au général commandant la division.

— Raoul vous mène au théâtre, très chère, dit-il ; vous me permettrez de ne point vous y prendre ; le général est grand viveur ; je serai forcé de lui tenir tête. *Par la sambleu*! je crois que je me griserai avec nos souvenirs de jeunesse et du vin de Chypre dont il m'a dit grand bien. Donc ne m'attendez point.

Et le marquis se retira.

Ils restèrent seuls...

La marquise regarda Raoul avec un fin sourire et lui dit en rougissant un peu :

— S'il savait...

— Il ne s'en consolerait jamais, dit le comte.

Et il baisa respectueusement la main de la jeune femme.

— Je vais prendre un manteau, dit-elle, nous descendrons vers la plage, puis nous irons au spectacle.

— A vos ordres, madame, dit-il.

Elle monta chez elle.

Il gagna sa chambre.

— Evidemment, dit-il, elle est à moi; mais si je cède à ses agaceries ce soir, je serai dominé; je serai à elle, sa chose, son bien, son esclave, le valet de son cœur. Attendons et jouons serré.

« Ce n'est pas ainsi que je la veux. »

Il s'habilla pour la soirée.

Quant à elle, se regardant dans sa glace, se voyant splendide, elle fit une toilette irrésistible et se dit :

— Il veut vivre seul; il fuit l'amour; l'amour ira le chercher, et je le veux à mes pieds ce soir. Enfin, j'ai trouvé l'homme que je rêvais; je ne veux pas qu'il m'échappe.

Et se contemplant :

— Non, il ne résistera pas.

XXII

Cédera-t-il ?

La marquise s'était enveloppée dans des flots de mousseline ; la gaze sert admirablement les femmes ; elle leur donne un je ne sais quoi qui leur va comme la mousse au vin de Champagne.

Leurs charmes pétillent dans les plis neigeux à la fois éblouissants et doux de cette étoffe ; la gorge étincelle sous le corsage ; la fermeté des contours, la chaleur des tons, forment un contraste avec le *flou* de la robe ; le regard se perd dans ce qui se cache après avoir été fasciné par ce qui se voit ; c'est la rose mousseuse, bouton rebondi au centre, follement éparpillé à la circonférence.

Telle apparut Marie.

Lui, dans une tenue sévère, l'attendait.

Ils prirent place au fond de la calèche.

— Vous êtes ravissante ainsi ? dit-il.

Elle ne répondit pas.

Elle avait médité une audacieuse attaque.

Elle se pencha coquettement, de telle sorte que ses épaules resplendirent sous ses yeux; sa main preste releva soudain sa jupe à demi, il entrevit une naissance de jambe à désespérer Praxitèle; il ferma les yeux comme à une lumière trop vive.

— Je suis mal chaussée, dit-elle, mon soulier tient à peine; il s'est défait.

Elle eut l'air de faire quelques efforts pour rajuster sa gaine de satin, écrin d'un bijou.

— Impossible, fit-elle.

Puis:

— Si j'osais! demanda-t-elle.

— Et moi donc! dit-il.

— Bah! un Scipion. Vous êtes la continence même, monsieur l'ambitieux; je me risque!

Et gentiment, prenant son pied mutin dans sa main, elle l'amena sur son genou.

— Essayez! dit-elle.

Il fallut bien.

Mais, gêné par la position qu'il avait à côté d'elle, il ne put réussir; elle y mettait de la malice.

Alors il se mit à genoux.

Ce que voyant, elle ramena sa jupe de

façon à ne laisser dépasser que ce pied lutin, rebelle à leurs tentatives.

— Aussi bien, dit-il, à vos genoux, c'est la place de tout homme.

Il prit dans sa main la pantoufle.

— On jurerait celle de Cendrillon ! s'écria-t-il.

Ses lèvres allèrent d'elles-mêmes déposer un baiser sur les ongles roses qu'on apercevait sous la soie du bas.

— Là, là, dit-elle en riant, ménagez-moi.

— Ne savez-vous pas, répondit-il, que les déesses de marbre d'Athènes avaient les doigts usés sous les respectueux baisers de leurs dévots ?

Et il remit la chaussure.

Ils se regardèrent.

Ce simple coup d'œil faillit devenir un embrasement ; mais reprenant son empire sur lui-même, il se releva, s'assit et ce trouble passa rapidement.

Elle en eut quelque dépit.

Le trajet n'était pas long.

Au théâtre, on donnait le *Domino noir*.

— N'est-ce pas, lui demandait-elle que cette musique est agaçante ?

— Musique française, musique légère.

— Voulez-vous me faire un plaisir ?

— Avec empressement.
— Retournons à l'hôtel.
— Qu'y ferons-nous ?
— Vous me rejouerez ce morceau qu'une fois déjà j'ai entendu avec délices.
— Venez ! dit-il.
Il l'emmena rapidement.
En voiture il ne dit mot.
Elle monta dans sa chambre, il fut chercher son violon ; elle s'attendait à un dénouement.
— Il va tomber à mes pieds ; lui céderai-je ? se demanda-t-elle.
Et n'hésitant plus.
— Oui ! dit-elle.
Elle ne doutait pas qu'il ne fût vaincu.
Lisa fut renvoyée ; il entra...
Elle était palpitante.
Pour la première fois elle aimait ; elle se l'était avoué avec franchise ; elle avait attendu l'amour longtemps ; il était enfin venu irrésistible.
Elle se laissa tomber sur un sofa, ses tempes battaient avec violence, un vif incarnat couvrait ses joues.
Il vint.
Il s'assit près d'elle, ne lui jeta aucun mot banal, préluda et chanta.

C'était une poésie d'amour, une ballade algérienne, exprimant avec une intensité d'expression inouïe, une soif de volupté ardente et folle.

Sa voix magnétique la pénétrant par tous les pores, allait à son âme et en faisait vibrer tous les échos ; elle se pencha peu à peu vers lui ; l'émotion la gagnait ; un geste il eût fait un geste et elle tombait pantelante dans ses bras !

Mais il évitait son regard :

Alors elle se rejeta en arrière, sa tête tomba sur les coussins et, brisée, elle perdit connaissance.

C'est que, refoulée pendant trois longues années, la passion brisant ses digues, l'envahissait de ses flots tumultueux, la brûlait de sa flamme, corrodait son cœur, et comme un être ne peut supporter qu'une certaine dose de sensations, que cette limite était dépassée, elle s'était évanouie.

Lui, sûr cette fois d'atteindre son but, se releva radieux et prit un flacon de sels pour la réveiller de cet assoupissement plein de langueur.

Elle ouvrit les yeux, il se mit à ses pieds, leurs mains s'étreignirent, puis leurs lèvres se cherchèrent.

— Tu me sacrifies ton ambition? demanda-t-elle.

— Oui, dit-il, mais avant de nous lier à jamais, je dois tout vous dire.

— Vous? Tu me dis vous?

— Oui, car nous ne sommes pas encore l'un à l'autre.

Ce vous et une froideur subite dans sa voix produisirent sur la jeune femme l'effet qu'il en attendait.

— Marie, lui dit-il, reprenez bien votre empire sur vous-même, redevenez la marquise de Nunez, oubliez un instant d'égarement indigne de tous deux.

— C'est fait, dit-elle.

Elle voyait devant elle un abîme béant où son orgueil allait s'engloutir : tous ses instincts de fierté se réveillèrent ; elle pressentait une humiliation.

Quoi! Un homme avait eu d'elle un aveu, elle s'était offerte, il discutait l'acceptation...

Son cœur se gonfla de colère; la révolte poussa un flot de sang à son cerveau; elle eût tout donné pour ne pas avoir cédé à un premier mouvement.

— Parlez! fit-elle.

Elle se croisa les bras, étouffant les soulèvements de sa poitrine, dominant un orage intérieur.

— Marie, lui dit-il froidement, nous sommes faits pour nous aimer et peut-être allons-nous nous haïr.

— Je commence à le craindre, dit-elle.

— Vous êtes altière ?

— C'est vrai.

— Vous voudrez sans doute de la part d'un amant foi aveugle, adoration soumise, esclavage ?

— Oui, dit-elle résolûment.

— Je ne puis vous donner cela.

Elle étendit le bras pour le congédier.

— Je vous vaux ! dit-il.

Elle s'adoucit soudain et lui tendit la main :

— Ne pouvons-nous nous entendre ? demanda-t-elle. Je ferai des concessions sur mon despotisme ; je vous octroierai une charte.

— Chère Marie, dit-il, ne transigeons pas ; deux âmes ne sauraient ainsi s'unir sans un renoncement complet de l'une d'elles à la possession de soi.

« Je vous aime, je vous le jure et vous le savez, comme il semble impossible d'aimer.

« Je vous veux tout entière.

«Pour moi un homme ne doit avoir qu'une passion, l'avarice, l'amour ou l'ambition, n'importe ; mais il doit, son choix fait, se livrer tout entier à cette passion et s'y assurer le *summum* de jouissance possible »

— Très bien mais pourquoi abdiquerais-je, moi ?

— Parce que, — révoltez-vous, je m'y attends, — parce que l'homme est supérieur à la femme ; que la passion ne se repait pas de chimères, mais de vérité ; que tout nonsens, toute violation des lois naturelles amène des conséquences funestes. Etre autre chose que l'esclave de mes volontés, l'humble servante de votre amant, ce que la femelle est au mâle dans la nature, vous conduirait au mépris de moi. Notre amour ne durerait pas.

La marquise bondit.

— Esclave ! esclave ! fit-elle frémissante.

— Mon Dieu, oui ; la femme européenne et la femme de l'Orient en une seule, c'est ce que j'attends de vous.

— Et ce que vous n'aurez jamais, s'écria-t-elle avec une sorte de rugissement de lionne blessée.

— Alors, adieu !

— Adieu ! dit-elle.

Il s'inclina et sortit.

Mais il revint.

Elle se roulait convulsivement sur le sofa, quand il rentra,

— Sortez ! sortez ! s'écria-t elle exaspérée qu'il se permît de revenir ; sortez, monsieur.

— Un mot encore, dit-il.

— Mais sortez donc !

— Ce mot est nécessaire. Il s'agit de donner une excuse à votre mari, madame ; il faudra lui dire que j'ai reçu avis de revenir à Paris et que je suis parti précipitamment.

— Ah oui ! partez et ne revenez jamais...

Elle fondit en larmes.

Il s'approcha doucement, prit ses deux mains, se mit à genoux et lui dit d'une voix attendrie :

— Sur mon honneur, vous n'êtes pas déchue, consolez-vous, remettez-vous, je ne suis pas homme à être fat d'un choix qui m'honore et d'un élan qui vous a grandi.

— Oh ! dit-elle avec un sanglot, étouffé, je me trouve bien petite !

— Et moi, je vous admire. Vous sacrifiez une passion à votre dignité, madame ; vous méritez mon estime et j'emporte de vous un souvenir qui ne s'effacera pas.

— Vrai! vous ne mentez pas?

— Je vous jure que jamais je ne renouvellerai l'expérience que j'ai tentée; les femmes n'existent plus pour moi. Je vous aurais voulue, vous seule. Puisque c'est impossible, je vivrai solitaire, sur les cimes du pouvoir, comme l'aigle vit en son aire.

Et une larme perla ses yeux.

— Adieu, Marie! dit-il.

— Adieu, Raoul, et merci! vous m'avez consolée.

Il baisa ardemment ses deux mains, la saisit un instant dans ses bras, — une étreinte folle! — et s'enfuit la laissant meurtrie sur le sofa.

Elle y demeura longtemps plongée dans une prostration profonde.

XXIII

En mer.

Le vapeur partait pour Oran le lendemain à midi.

La marquise, après avoir donné à son mari l'excuse fournie par le comte, ne voulut pas remettre l'embarquement, quoique son mari, très contrarié de l'absence de Raoul, lui proposât d'attendre de ses nouvelles ou son retour.

— Il nous rejoindra en Afrique, dit madame de Nunez, partons toujours.

On prit la mer.

Le premier soir, la jeune femme, par un temps superbe, était assise sur la dunette; elle était là, seule, car les passagers de de première classe, fort rares par extraordinaire, faisaient un wisth au salon, et le marquis y avait le capitaine du bord pour partenaire; c'était un lieutenant de vaisseau au service des messageries, noble et un peu cousin de M. Nunez.

Celui-ci laissa donc Marie monter seule

sur le pont; il craignait fort la brise du soir et il adorait la partie quand il avait des gens distingués pour faire son jeu.

La marquise, accoudée au bastingage, regardait, rêveuse, le soleil couchant.

La Méditerranée est par instant si douce que les marins la comparent, un peu prosaïquement, à un lac d'huile; la navire traçait son sillage phosphorescent dans les eaux limpides et calmes; le premier quart de la nuit avait commencé; un marin à la barre, des gabiers dans les hunes et sur l'avant, plusieurs familles de colons se rendant en Afrique; quelques militaires, une trentaine de personnes au plus, couchées déjà au pied des mâts; un grand silence à bord; le bruit monotone de la machine; telle était la situation du bâtiment à cette heure.

Tout portait à la mélancolie.

Les feux mourants du jour s'éteignaient dans un vaste embrasement des flots; de rares mouettes, voletant encore, battaient l'air de leurs grandes ailes blanches; le vent bruissait dans les cordages murmurant des plaintes étouffées; l'officier de veille, immobile sur la passerelle, semblait une statue.

Rien ne rompait la solitude qui régnait à bord.

C'est à ces heures d'isolement que les femmes songent, qu'elles espèrent, se souviennent, oublient ou regrettent; c'est alors que reviennent poignantes à l'esprit les peines du cœur.

Mais c'est alors aussi que les douces joies bercent l'âme, et que l'imagination s'enfonce dans l'infini du rêve.

La marquise éprouvait-elle des regrets? On l'eût dit.

Des soupirs s'échappant parfois de sa poitrine oppressée, s'envolaient au soufffe de la brise qui les prenait au passage et les emportait au loin.

Personne n'était là pour les recueillir.

Après avoir longtemps laissé errer sa pensée, Marie se retourna à un bruit de voix qui la fit tressaillir; deux officiers supérieurs de l'armée, laissant les tables de jeu, venaient de paraître sur la dunette.

Ils saluèrent la jeune femme.

— Madame, dit gracieusement l'un d'eux, colonel d'état-major, laissez-moi vous donner un conseil.

La marquise acquiesça.

— Les nuits sont fraîches; vous n'avez point de manteau, vous pourriez vous enrhumer.

— Merci de l'avis, dit la jeune femme, je vais descendre dans ma cabine.

— De grâce, restez, madame.

Et, très galamment, le colonel héla un zouave qui fumait au pied d'un mât d'artimon.

— Voilà, colonel! fit le soldat.

— Descendez donc aux cabines de deuxième, demandez la femme de chambre de madame; elle se nomme...

Se retournant vers la marquise :

— Comment se nomme-t-elle?

— Lisa, colonel.

— Bon, une négresse, dit le zouave en souriant, je la connais et je cours, mon colonel.

Le gaillard avait déjà remarqué Lisa.

La femme de chambre ne tarda guère.

— Mon châle! dit la marquise.

Lisa s'empressa.

Elle vint jeter le cachemire sur les épaules de sa maîtresse et s'éloigna.

Mais le zouave était revenu.

— Mon colonel, dit-il, je crois que c'est lui.

— Ah! ah! fit le colonel.

Et, se retournant vers l'autre officier :

— Je l'aurais parié, dit-il.

— Mais nous ne sommes sûrs de rien.

— Mon cher général, je vérifierai le fait.

Et au zouave :

— Où se tient-*il* ?

— A l'avant.

— Sur le pont ?

— Oui, mon colonel.

— Tu le connais bien, n'est-ce pas ?

— Parbleu ! je suis payé pour ça.

— En quelles circonstances l'as-tu vu ?

— Lorsqu'il a sauvé le blockaus de Zebdau.

— Tu en étais ?

— Oui, mon colonel.

— Eh bien, dit le général, voici vingt francs pour toi si tu vas lever sa couverture.

— Ces chasseurs, ça ne dort pas, observa le zouave.

— Qu'est-ce que cela fait ?

— Il s'éveillera.

— Après ?

— Il sera furieux.

— Tu as donc peur de lui ?

Le zouave sérieux :

— Mon colonel, quiconque m'insulterait trouverait à qui parler; mais aller contrarier un coureur de bois fort comme un lion et irascible comme une panthère, c'est d'une imprudence que vous comprendrez.

— Il a raison, dit le général.

— D'autant plus qu'il est resté enveloppé d'un burnous toute la journée, ajouta le zouave.

— Il se cache donc ?

— J'en suis certain.

— En effet, dit le général, s'il ne se cachait point, il aurait pris les premières.

— Va ! dit le colonel au zouave.

— Et les vingt francs? fit celui-ci effrontément.

— Comment?

— Choses promises, choses dues, dit-on.

— Mais tu n'as pas levé la couverture.

— Oh ! mon colonel, vous me chicanez sur les détails !

Et il ne retirait pas sa main.

FIN DU TOME SECOND

Paris. — Typ. Collombon et Brulé, rue de l'Abbaye, 22.

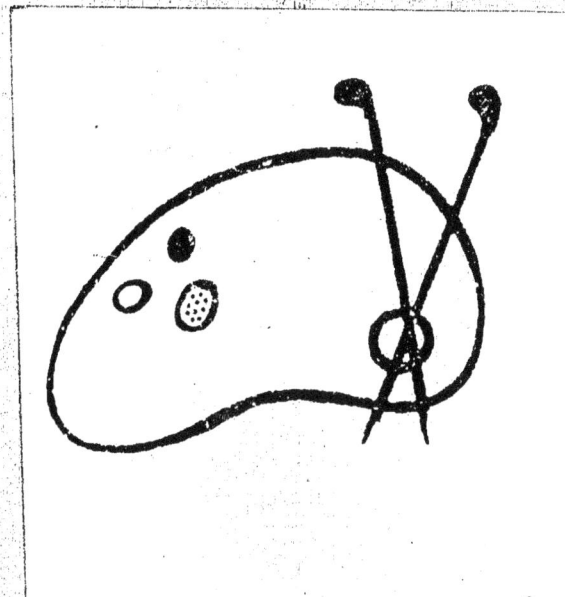

Original en couleur

NF Z 43-120-B

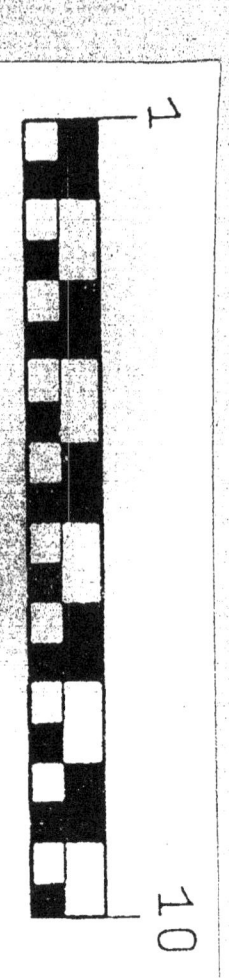

MIRE ISO N° 1

NF Z 43-007

CONTRÔLE :

AFNOR
Cedex 7 92080 PARIS LA DÉFENSE

BIBLIOTHÈQUE NATIONALE

CHÂTEAU
de
SABLÉ

1984

www.ingramcontent.com/pod-product-compliance
Lightning Source LLC
Chambersburg PA
CBHW061551110426
42739CB00040B/2346